essentials

essentials liefern aktuelles Wissen in konzentrierter Form. Die Essenz dessen, worauf es als „State-of-the-Art" in der gegenwärtigen Fachdiskussion oder in der Praxis ankommt. *essentials* informieren schnell, unkompliziert und verständlich

- als Einführung in ein aktuelles Thema aus Ihrem Fachgebiet
- als Einstieg in ein für Sie noch unbekanntes Themenfeld
- als Einblick, um zum Thema mitreden zu können

Die Bücher in elektronischer und gedruckter Form bringen das Expertenwissen von Springer-Fachautoren kompakt zur Darstellung. Sie sind besonders für die Nutzung als eBook auf Tablet-PCs, eBook-Readern und Smartphones geeignet. *essentials:* Wissensbausteine aus den Wirtschafts-, Sozial- und Geisteswissenschaften, aus Technik und Naturwissenschaften sowie aus Medizin, Psychologie und Gesundheitsberufen. Von renommierten Autoren aller Springer-Verlagsmarken.

Weitere Bände in der Reihe http://www.springer.com/series/13088

Markus Kaiser · Nicole Schwertner

Change Management in der Kommunikations-branche

Veränderungsprozesse in Medienunternehmen und in der Unternehmenskommunikation

 Springer VS

Markus Kaiser
Technische Hochschule Nürnberg
Nürnberg, Deutschland

Nicole Schwertner
Technische Hochschule Nürnberg
Nürnberg, Deutschland

ISSN 2197-6708   ISSN 2197-6716   (electronic)
essentials
ISBN 978-3-658-31137-7   ISBN 978-3-658-31138-4   (eBook)
https://doi.org/10.1007/978-3-658-31138-4

Die Deutsche Nationalbibliothek verzeichnet diese Publikation in der Deutschen Nationalbiblio-
grafie; detaillierte bibliografische Daten sind im Internet über http://dnb.d-nb.de abrufbar.

Planung/Lektorat : Barbara Emig-Roller
Springer VS ist ein Imprint der eingetragenen Gesellschaft Springer Fachmedien Wiesbaden
GmbH und ist ein Teil von Springer Nature.
Die Anschrift der Gesellschaft ist: Abraham-Lincoln-Str. 46, 65189 Wiesbaden, Germany

Was Sie in diesem *essential* finden können

- Die Digitalisierung zwingt die Medien- und Kommunikationsbranche zu einem radikalen Wandel. Aufgrund einer veränderten Mediennutzung in der Gesellschaft, eines hohen Kostendrucks und ständig neuer Technologien müssen Veränderungen immer schneller umgesetzt werden. Es wird aufgezeigt, warum Medienunternehmen und Kommunikationsabteilungen von Unternehmen eine gelebte Change-Kultur brauchen.
- Die Einführung eines Newsrooms, neue Social-Media-Kanäle, Mobile Reporting sowie die Mitarbeiterstruktur in der Branche führen zu branchenspezifischen Herausforderungen beim Change Management. Die erfolgskritischen Faktoren für Veränderungsprozesse werden genannt.
- Beim Change Management steht der Mensch im Mittelpunkt. Anhand von traditionellen Modellen wird für die Medien- und Kommunikationsbranche aufgezeigt, was bei einem Veränderungsprozess von der Vision über eine Führungskoalition und Storytelling bis zur Verankerung getan werden muss.
- Kommunikation ist der wichtigste Erfolgsfaktor während eines Veränderungsprozesses. Es wird aufgezeigt, was es für eine erfolgreiche Change Communication zu beachten gilt.
- Es werden Weiterbildungen und Studiengänge vorgestellt, bei denen Journalisten oder Mitarbeiter der Unternehmenskommunikation zum Change Manager ausgebildet werden können.

Vorwort

Social Media und Podcasts, E-Paper und News-Apps, Virtual und Augmented Reality, Chatbots und Roboterjournalismus, Blockchain, personalisierte Werbung & Co.: Die Medien- und Kommunikationsbranche steht mitten in einem tief greifenden Wandel. Neue digitale Medien und neue digitale Technologien lassen tradierte Geschäftsmodelle in Print, Hörfunk, Fernsehen und Werbung erodieren und sorgen für neue Herausforderungen in der Unternehmenskommunikation und im Marketing.

Vor unserem Wechsel an die Technische Hochschule Nürnberg haben wir die Medienstandort-Agentur für den Freistaat Bayern aufgebaut und dabei versucht, die Branche beim digitalen Wandel, bei der Einführung neuer Produkte, neuer Ausspielkanäle, neuer Arbeitsweisen, neuer Absatzmärkte, neuer Geschäftsmodelle und neuer Berufsbilder zu unterstützen. Wir haben dabei zugesehen, wie entweder Unternehmenslenker die digitale Transformation erst sehr spät und nur sehr zögerlich angegangen sind oder wie Chefs radikale Veränderungen Mitarbeitern oktroyiert haben. In beiden Fällen hat die Wettbewerbsfähigkeit stark gelitten.

Häufig dreht sich alles um Technik, Inhalt und Design. Diesen Dreiklang braucht es zwar auch für ein erfolgreiches digitales Medienprodukt. Uns ist jedoch sowohl bei unserer Tätigkeit beim MedienNetzwerk Bayern und MedienCampus Bayern als auch nun in der Wissenschaft an der TH Nürnberg und bei unserer Unternehmensberatung für Change Consulting Kaiser// Schwertner bzw. bei CGI Deutschland schnell und massiv bewusst geworden: Radikaler Wandel funktioniert nur, wenn als vierter Punkt die menschliche Seite nicht vergessen wird. Change Management bedeutet, die Mitarbeiterinnen und Mitarbeiter beim Veränderungsprozess vom Anfang bis zum Ende mitzunehmen.

Als Floskel mag dies in vielen Redaktionen, PR-Agenturen und Marketing-Abteilungen sowie Pressestellen von Unternehmen Chefs häufig noch über die Lippen gehen. In der Praxis wird Change Management neben dem Projektmanagement aber allzu oft vergessen: Es gibt – insbesondere in mittelständischen Verlagen – selten eine Stelle für einen internen Change Manager und kaum Budget für externe Berater. Nur selten wird das Thema systematisch angegangen.

Jeder Veränderungsprozess bedeutet einen Kurswechsel in einem Unternehmen und vor allem Unsicherheiten für die Mitarbeiter. Es ist ganz normal, dass Mitarbeiter in den meisten Fällen nicht sofort Hurra schreien. Das sollte das Management nicht davor zurückschrecken lassen, die in ihren Augen notwendigen Veränderungen durchzuführen. Manchmal liegen Widerstände nicht in der neuen Arbeitsweise selbst begründet, sondern darin, dass Mitarbeiter ihre neue Rolle noch nicht gefunden haben oder zum Beispiel durch veränderte Arbeitszeiten auch private Gewohnheiten angepasst werden müssen. Jeder Veränderungsprozess bedeutet harte Arbeit: für das Management und jeden betroffenen Mitarbeiter. In diesem Buch geben wir einen praxisorientierten Überblick, was bei einem Change-Prozess in der Medien- und Kommunikationsbranche zu beachten ist und wie der Wandel gelingen kann. Etwas Change Management ist immer noch besser als gar kein Change Management.

Im ersten Kapitel zeigen wir auf, warum Medienunternehmen und Abteilungen für Unternehmenskommunikation eine gelebte Change-Kultur brauchen. „Change is the new normal" hat IBM beispielsweise als Motto ausgerufen. Schon der griechische Philosoph Heraklit ist mit den Worten zitiert worden: „Die einzige Konstante im Universum ist die Veränderung." Dies gilt im Zeitalter der Digitalisierung, in der sich nahezu sämtliche Unternehmen neu erfinden müssen, mehr denn je. Medienunternehmen müssen sich dringend und immer schneller verändern.

Vom Newsroom über Social Media bis hin zu Corporate Publishing: Welche speziellen Veränderungsprozesse es in der Medienbranche gibt und was dabei zu beachten ist, wird im zweiten Kapitel beschrieben. Im dritten Kapitel geht es darum, wie Change-Prozesse gemanagt werden können. Hierbei kann man sich einiger bewährter Modelle bedienen, die auf das spezifische Vorhaben aber zugeschnitten werden müssen. Ein wichtiger Aspekt ist dabei, wie man mit seinen Mitarbeitern, aber auch weiteren Stakeholdern kommuniziert. Um Change Communication soll es daher im fünften Kapitel gehen. Am Ende dieses Buchs zeigen wir auf, wo man sich zum Change Manager weiterbilden oder zertifizieren lassen kann.

Wir danken an dieser Stelle allen, die uns Inspirationen für dieses Buch gegeben haben. Darunter sind unter anderem die weiteren Gründungsmitglieder des Deutschen Instituts für Change-Prozesse und digitale Geschäftsmodelle, Dr. Christina Blumentritt, Aline-Florence Buttkereit, Wolfgang Kerler, Maximilian Rückert und Eva Werner (www.change-prozesse.org), die Studierenden unserer Management-Seminare an der Friedrich-Alexander-Universität Erlangen-Nürnberg, Technischen Hochschule Nürnberg und Hochschule Ansbach sowie unsere Kunden bei Change Consulting Kaiser//Schwertner und CGI Deutschland. Auch möchten wir uns bei der Krisenkommunikations-Agentur Achterknoten in Berlin für die hervorragende Zusammenarbeit bedanken. Zahlreiche Ideen erhielten wir auch von Patrick Wanner von der TiBa Management School in München im Rahmen der Prosci-Zertifizierung zum Change Manager. Auch hierfür ein herzliches Dankeschön!

Aus Gründen der leichteren Lesbarkeit wird in dem vorliegenden Buch die männliche Sprachform bei personenbezogenen Substantiven und Pronomen verwendet. Dies impliziert jedoch keine Benachteiligung des weiblichen Geschlechts, sondern soll im Sinne der sprachlichen Vereinfachung als geschlechtsneutral zu verstehen sein.

Wir wünschen unseren Leserinnen und Lesern viel Spaß bei der Lektüre und spannende Einblicke ins Change Management!

Nürnberg
im Juni 2020

Prof. Markus Kaiser
Nicole Schwertner

Inhaltsverzeichnis

Über die Autoren

Wir freuen uns über Kritik, Anregungen und Diskussionen:
markus.kaiser@online.de
nicole.schwertner@online.de
www.change-consulting.org

Warum Medienhäuser eine Change-Kultur brauchen

Das Layout einer Tageszeitung zaghaft in mehreren Schritten verändern oder eine neue Kolumne am Samstag einführen, ein neues Gewinnspiel im Lokalradio oder ein geänderter Sendeplatz für die Hitparade bzw. ein neues leicht verändertes Unternehmenslogo oder eine neue Rubrik in der Mitarbeiterzeitung: Lange Zeit gab es in der Medien- und Kommunikationsbranche verstärkt inkrementellen Wandel statt eines radikalen Changes. Die Unternehmen konnten es sich erlauben, vor allem auf evolutionäre Schritte zu setzen – in vielen Fällen war dies sogar massiv angebracht. Schließlich ist der Leser, der Hörer, der Zuschauer ja oftmals ein konservatives Gewohnheitstier.

„Die bewahrende Kraft im täglichen Wandel": Dieser Werbespruch der „Nürnberger Zeitung" verdeutlicht, dass das Medium bei seiner Zielgruppe mit Verlässlichkeit punkten wollte. Wenn sich die ganze Welt auch dreht: Die Leserbriefseite bleibt genauso an ihrem Stammplatz wie die Todesanzeigen, der Sportkommentator schreit heute genauso emotional beim Foulspiel ins Mikro wie am vergangenen Spieltag, und selbst der Sponsoring-Partner des wöchentlichen Wirtschafts-Fensters im Lokalfernsehen ist über Jahre hinweg das größte örtliche Kreditinstitut gewesen.

Dies macht deutlich: Wo es kaum Veränderungen gab, mussten Veränderungen auch nicht gemanagt und auch nicht kommuniziert werden. Medienunternehmen hatten nur selten oder keine Innovationsabteilungen oder Innovationsteams. Der Chefredakteur bzw. der Pressesprecher hat sich vor allem mit dem Tagesgeschäft befasst und nur am Rande mit der Weiterentwicklung des eigenen Produkts (vgl. Kaiser et al. 2019, S. 64–81).

In nicht wenigen Redaktionen haben die Seniors der Verlegerfamilie „dieses Internet" ohnehin für ein vorübergehendes Phänomen gehalten, das man auszusitzen gedachte. Neugierige Redakteure, die E-Mails oder das Internet zur

© Springer Fachmedien Wiesbaden GmbH, ein Teil von Springer Nature 2020
M. Kaiser und N. Schwertner, *Change Management in der Kommunikationsbranche*, essentials,
https://doi.org/10.1007/978-3-658-31138-4_1

Recherche nutzen wollten, wurden anfangs oftmals eher ausgebremst. Eine technische Ausstattung für Journalisten mit Smartphone, Daten-Flatrate, Laptop & Co. ist selbst im Jahr 2020 nicht für alle eine Selbstverständlichkeit. Die Corona-Krise und die Remote-Arbeit hat die teils noch katastrophale technische Ausstattung schonungslos ans Licht gebracht.

Wenn aber die Chef-Ebene nicht hinter Innovationen steht, wenn die Mitarbeiter keinen Benefit sehen, wenn die technische Ausstattung nicht für Mobile Reporting & Co. bereitgestellt wird, wie soll dann in Medienunternehmen eine Change-Kultur entstehen? Doch genau diese kulturelle Veränderung ist in Medienunternehmen, aber auch PR-Agenturen, Abteilungen für Unternehmenskommunikation und für Marketing heute dringend erforderlich.

Folgende sieben Abschnitte, warum die Entwicklung einer Change-Kultur so immens wichtig ist, stellen keine abschließende Auflistung dar. Sie zeigen aber deutlich auf, dass sich die Welt gedreht hat bzw. so stark dreht, dass für Medienunternehmen Einsparungen als einziges Mittel, um auf äußere Veränderungen zu reagieren, ein völlig falscher Weg sind.

1. **„Wir haben die Konkurrenz-Zeitung aufgekauft. Jetzt sind wir doch endgültig ein Monopolist!"**
Falsch! Auf den ersten Blick mag diese These noch plausibel klingen, schließlich gibt es verstärkt Konzentrationen auf dem Medienmarkt: 61,6 % der Gesamtauflage von Tageszeitungen wurde im ersten Quartal 2018 von den zehn größten Verlagsgruppen verkauft (siehe Abb. 1.1). Als Grund nennt Medienwissenschaftler Horst Röper Fusionen, die Einstellung einzelner Titel und die Einrichtung von Zentralredaktionen (www.ard-werbung.de/fileadmin/ user_upload/media-perspektiven/pdf/2018/0518_Roeper_2018-12-18.pdf [abgerufen am 07.06.2020]). Im Rundfunk sind ähnliche Ansätze erkennbar. Durch die zahlreichen mittelständisch geprägten Regionalverlage sind zwar Monopolgebiete für Tageszeitungen entstanden und es entstehen immer weitere, aber es gibt mit Weblogs, Podcasts und Social-Media-Kanälen ganz neue Konkurrenten, und die Auflagen der meisten Tageszeitungen sind seit Jahren im sinkenden Fall (siehe Abb. 1.2). Auch weichen die Grenzen zwischen Radio, Fernsehen und Zeitung im Internet auf, da sich News-Apps kaum mehr voneinander unterscheiden. Die Klage der Zeitungsverleger gegen die „tagesschau"-App, dass diese zu presseähnlich gewesen sei, hatte genau darauf abgezielt. Die Zeit der Monopolisten ist aber nicht nur vorbei, was journalistische Inhalte betrifft, sondern insbesondere auch im Anzeigengeschäft. Neu am Markt sind US-Tech-Konzerne wie Google, Facebook und Amazon, die den digitalen Anzeigenmarkt beherrschen und somit das klassische Anzeigengeschäft der Verlage, Lokalradios und sogar überregionaler Sender wie RTL und ProSieben in den Schatten stellen.

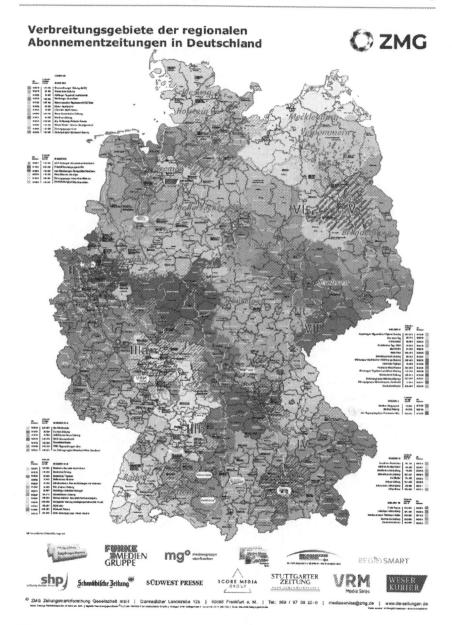

Abb. 1.1 Die Verbreitungsgebiete von Regionalzeitungen in Deutschland sind aufgeteilt. Es gibt zahlreiche Landkreise mit Monopolisten im Printbereich. Die digitale Konkurrenz mit Google, Facebook und Amazon erscheint dagegen übermächtig. (Grafik: BDZV Bundesverband Digitalpublisher und Zeitungsverleger)

Auflage Tageszeitung

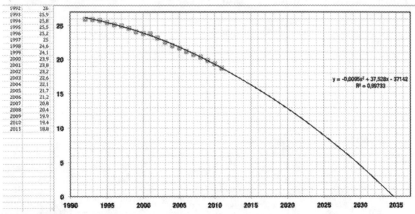

Quelle: BDZV/IVW – eigene Berechnungen Prof. Dr. Klaus Meier (polynomische Trendlinie mit Excel)
http://journalistiklehrbuch.wordpress.com

Abb. 1.2 Monopolisten beim Untergang: Laut Journalistik-Professor Klaus Meier stirbt die gedruckte Zeitung bis zum Jahr 2034. Im Digitalen müssen sich die Verlage gegen starke Konkurrenten durchsetzen. (Quelle: Journalistiklehrbuch von Prof. Dr. Klaus Meier)

2. **„Der Relaunch unserer Website ist online. Jetzt sind wir endlich fertig mit diesem Digitalisieren!"**
   Ein Irrglaube! Die Digitalisierung hat erst begonnen – dies wurde zuletzt während der Corona-Krise extrem deutlich. Laut Tech-Investor Frank Thelen muss die Digitalisierung in Deutschland noch einen deutlichen Schwung nach vorne machen: „Deutschland hat die Digitalisierung bislang vor sich hergeschoben und startet mit einem deutlichen Rückstand in das exponentielle Zeitalter" (https://www.handelsblatt.com/meinung/gastbeitraege/gastkommen tar-corona-reisst-uns-aus-dem-wohlstandsschlaf/25831268.html?ticket=ST-2582879-6sdAkerlLxE7JwC5QSGj-ap5, [abgerufen am 11.6.2020]).
   Heutzutage reicht es nicht mehr aus, seine Inhalte statt nur auf Papier auch online anzubieten. In diesem Fall spricht man lange noch nicht von Digitalisierung. Zumal jeder Redaktion und jeder Pressestelle bewusst sein muss, dass es nicht darum geht, Inhalte 1:1 ins Digitale zu übertragen. Zunächst muss geprüft werden, welche digitale Veränderung implementiert werden soll und wie diese auch nachhaltig eingesetzt wird. Das Besondere an digitalen Innovationen ist, dass diese teils auch wieder schneller vom Markt verschwinden als gedacht und erhofft. Es lässt sich hierbei unterscheiden

zwischen kurz anhaltenden Trends und Innovationen, die längerfristig sind, wie beispielsweise Chatbots und der Einsatz von Künstlicher Intelligenz. **Welche Technologien im Trend sind** und wie diese eingeordnet und bewertet werden, lässt sich aus dem jährlich erstellten Gartner Hype Cycle entnehmen. Der US-amerikanische Marktforscher beschreibt in seinem Modell fünf Phasen, die eine Innovation durchläuft, bevor sie sich entweder etabliert oder vom Markt verschwindet. In der ersten Phase wird die Innovation bekannt gegeben, es liegt jedoch noch kein marktreifes Modell vor. Es folgt ein Gipfel der Erwartungen, da die Medien darüber berichten, obwohl in dieser Phase lediglich Prototypen vorliegen. Anschließend geht es bergab ins Tal der Enttäuschung, da die Erwartung an das neue Produkt nicht gehalten werden kann. Es folgt eine Erleuchtung, in der die Grenzen und der Nutzen der Innovation im Vordergrund stehen. In der letzten Phase wird die Massentauglichkeit getestet. Den Gartner Hype Cycle gibt es sowohl für neue Technologien (wie zum Beispiel Augmented und Virtual Reality, Blockchain, Künstliche Intelligenz und Chatbots) als auch zum Beispiel für Marketing-Trends (Abb. 1.3).

Wie ein klassisches Printprodukt mit digitalen Inhalten innovativ gedacht und verknüpft werden kann, zeigen Forscher des Media Technology Center (MTC) der ETH Zürich, die an einem Augmented Paper (dt. „erweiterte Zeitung") arbeiten: Das Forschungsprojekt zielt darauf ab, dass der Leser mithilfe einer Augmented-Reality-Brille bewegte Seiten sieht (vgl. https://ethz. ch/en/news-and-events/eth-news/news/2020/05/the-virtual-made-real-new-technology-for-the-media-of-the-future.html, [abgerufen am 11.06.2020]). Dies zeigt, auch traditionelle Medienhäuser müssen sich zwingend mit den neuesten Technologien auseinandersetzen, um den Anschluss nicht zu verpassen.

3. **„Wir haben jetzt eine Fanpage bei Facebook. Damit erreichen wir auch die Jugend!"**
Leider zu spät! Denn die Jugend ist schon wieder von Facebook weggezogen und heute auf Instagram, Snapchat oder TikTok unterwegs. Redaktionen und Kommunikationsspezialisten von Unternehmen müssen schnell umdenken, denn die Mediennutzung verändert sich rasend schnell. Zunächst gilt es, die Zielgruppe zu analysieren: Auf welchen Kanälen hält sich diese auf? Sobald sich ein Medienhaus für ein Netzwerk entschieden hat, sollte man gleich im Hinterkopf behalten, dass dieses Medium im Nu überholt sein kann und die Zielgruppe sich auf einer neuen Plattform tummelt. Derzeit hat es den Anschein, als ob jede Generation ein eigenes Netzwerk bevorzugt nutzt. Nicht nur das Social Web ist volatil: Bewegtbild hat sich längst vor Text und Audio

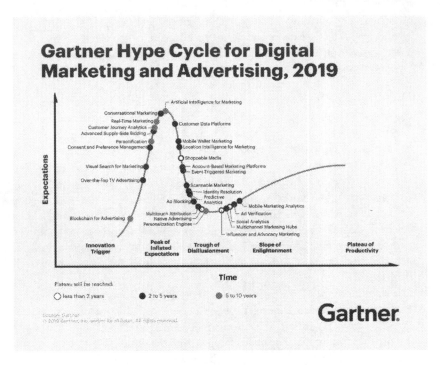

Abb. 1.3 Der Gartner Hype Cycle für Digitales Marketing und Werbung ordnet die Innovationen in diesem Bereich ein. (Grafik: Gartner)

gedrängt und bestimmt den Markt. Podcasts erleben eine Renaissance und sind vor allem bei jüngeren Usern deutlich beliebter als Weblogs. **Wie rasant sich die Mediennutzung verändert,** darüber gibt zum Beispiel die ARD.ZDF-Onlinestudie jährlich einen Überblick (Abb. 1.4). Die Daten von 2019 zeigen, dass sich die jungen Nutzer vor allem in Online-Communitys, wie WhatsApp, Facebook und Instagram, aufhalten und diese sozialen Netzwerke damit immer mehr an Relevanz gewinnen. 75 % kommunizierten 2019 täglich über WhatsApp, 2018 waren es im Vergleich 72 % (vgl. www.ard-zdf-onlinestudie.de/whatsapponlinecommunities, [abgerufen am 11.06.2020]). Videobasierte Plattformen gewinnen zudem immer mehr Nutzer. Neben YouTube beherrscht seit 2018 TikTok, ein chinesisches Videoportal, den Markt, bei dem der Nutzer Videoclips nachahmen kann. Im Mai 2020 erreichte die App zwei Milliarden Downloads – getrieben vor allem durch die Corona-

Nutzung von Online-Communitys 2019
mindestens wöchentlich
Gesamtbevölkerung in Prozent

	2017 Gesamt	2018 Gesamt	2019 Gesamt	Frauen	Männer	14-29 J.	30-49 J.	50-69 J.	ab 70
WhatsApp	63	72	75	75	75	98	90	70	31
Facebook	33	31	31	31	31	48	46	19	6
Instagram	9	15	19	20	17	59	17	5	0
Snapchat	6	9	7	8	7	33	2	0	-
Twitter	3	4	4	2	6	6	7	2	-
Xing	2	4	3	3	4	4	6	2	-
LinkedIn	-	-	2	2	3	3	3	3	-
Twitch	-	-	4	1	7	12	4	-	-
TikTok	-	-	2	2	1	7	1	-	-

Quelle: ARD.ZDF-Onlinestudie 2017-2019 (www.ard-zdf-onlinestudie.de/whatsapponlinecommunities)

Abb. 1.4. Möchte man auch die Jugend erreichen, so reicht heutzutage nicht mehr nur ein Facebook-Auftritt, denn Instagram und TikTok sind die sozialen Netzwerke, die bei dieser Zielgruppe immer relevanter werden. (Quelle: ARD.ZDF-Onlinestudie 2019)

Pandemie und die wegfallenden Freizeitaktivitäten (vgl. https://t3n.de/news/ schaffte-bisher-nur-facebook-2–1274972/, [abgerufen am 11.06.2020]). Das Netzwerk entwickelt sich zu einem immer größer werdenden Konkurrenten für YouTube, das zu Google gehört.

Laut Reuters Digital News Report 2019 wird Instagram von Jugendlichen sogar zum Großteil zur Nachrichtenbeschaffung genutzt (vgl. https://hans-bredow-institut.de/uploads/media/default/cms/media/x52wfy2_AP47_ RDNR19_Deutschland.pdf, S. 47, [abgerufen am 13.06.2020]). Auf dieses neuartige Phänomen reagieren Medienhäuser wie der Bayerische Rundfunk: Das Format „News-WG" zeigt, wie Instagram genutzt werden kann, um politische Inhalte auszuspielen. Nachrichten verstehen und mitreden können, das ist das Ziel des Formats: eine Art „moderne Tagesschau" für Jugendliche. Der Erfolg zeigt sich in den Nutzungszahlen, die seit dem Start im September 2018 kontinuierlich ansteigen: Nach einem Jahr folgten 52.000 Abonnenten dem Kanal (Hauptzielgruppe sind 18- bis 24-Jährige) (vgl. https://www. br.de/presse/inhalt/pressemitteilungen/news-wg-des-br-mit-prix-italia-aus-gezeichnet-100.html, [abgerufen am 11.06.2020]). Im Juni 2020 zählt der Kanal rund 88.000 Abonnenten.

4. „Um Fake News und Verschwörungstheorien müssen wir uns keine Gedanken machen. Damit haben wir schließlich ja nichts zu tun."
Wegducken geht hier aber nicht! Denn Fake News und Verschwörungstheorien werden im Internet und speziell in sozialen Netzwerken direkt über oder unter seriös recherchierten journalistischen Nachrichten publiziert – auf demselben Kanal. Dies führt deshalb zu veränderten Anforderungen an Medienunternehmen.

Fake News blühen vor allem in Krisenzeiten auf: Dies zeigt sich während der aktuellen Corona-Pandemie. Falschmeldungen verschlimmern die Situation und schaffen zusätzlich Unsicherheit sowie Misstrauen gegenüber den Medien. So wurde die Fake News verbreitet, dass Mediziner der Universität Wien angeblich herausgefunden haben, dass Ibuprofen die Vermehrung des Coronavirus beschleunigt. Die Uni dementierte diese Nachricht auf Facebook und erklärte, dass es sich dabei um eine Fake News handele (vgl. https://www.facebook.com/MedizinischeUniversitaetWien/photos/a.330940943649041/2817591401650637/?type=3, [abgerufen am 11.06.2020]).

Verschwörungstheorien und Mythen werden bewusst eingesetzt mit dem Ziel, falsche Nachrichten in die Welt zu setzen. Anschließend werden sie viral im Netz verbreitet: Die Rolle der Leser hat sich dadurch gewandelt vom reinen Konsumenten zu einem aktiven Nutzer, der partizipieren und mitdiskutieren möchte. Dadurch werden auch User zu Produzenten und stellen eigene Inhalte ins Netz. Die Unsicherheit, was Journalismus ist und was nicht, und das Misstrauen gegenüber hauptberuflicher Journalisten wächst.

Gerade in diesen Zeiten sind Faktenchecks und Verifikations-Tools wichtig, um Falschmeldungen von wahrheitsgetreuer Recherche zu trennen. Mit dem Ziel, Vertrauen zurückzugewinnen und Fake News zu entlarven, haben deutsche Medienhäuser verschiedenste Initiativen ins Leben gerufen (die Liste ist nicht vollständig und zeigt nur eine Auswahl auf):

– *Faktenfinder* ist eine 2017 gegründete Recherche-Abteilung des öffentlich-rechtlichen Rundfunkverbundes ARD. Der Faktenfinder ist der Tagesschau als meistgesehene Nachrichtensendung im deutschen Fernsehen zugeordnet und verfolgt das Ziel, das Internet nach Geschichten zu durchsuchen, die offensichtlich falsch sind, um diese nachzurecherchieren und richtigzustellen. Die Ergebnisse werden zentral auf der Webseite www.tagesschau.de/faktenfinder veröffentlicht.

– *Echtjetzt* ist eine Initiative des gemeinnützigen Rechercheverbundes Correctiv. Auf der Website werden ausgewählte Geschichten auf ihren Wahrheitsgehalt überprüft. Das Team will gezielt gegen Fake News auf sozialen Netzwerken vorgehen und setzt den Falschmeldungen gründlich recherchierte Fakten entgegen. *Echtjetzt* stuft die Meldungen und Geschichten ein und bewertet sie jeweils in falsch, teilweise falsch, größtenteils falsch, völlig falsch, unbelegt und größtenteils richtig (vgl. https://correctiv.org/faktencheck/artikel-faktencheck/2017/06/02/ueber-echtjetzt, [abgerufen am 11.06.2020]).

– *Social Listening und Verifikation* ist eine Einheit des Bayerischen Rundfunks, die Gerüchte, Halbwahrheiten, Lügen und Propaganda im Internet und den sozialen Medien aufdeckt. Die Einheit kümmert sich um Radio und Fernsehen und um die Nachrichtenmarke BR24. Die Ergebnisse werden nicht auf einer Webseite dargestellt, wie beim Faktenfinder, sondern fließen in die laufende Berichterstattung mit ein (vgl. https://www.br.de/unternehmen/bundestagswahl-faktencheck-verifikation-100.html, [abgerufen am 11.06.2020]).

Daher braucht es einen Change hin zu Verifkationseinheiten, wie in den Beispielen oben beschrieben. Redaktionen können demnach Nachrichten nicht einfach übernehmen: egal ob von Verbänden und Unternehmen oder vom örtlichen CDU-Vorsitzenden aus dem eigenen Landkreis. Es gilt, diese zu überprüfen und den Wahrheitsgehalt zu recherchieren, bevor es zu einer Veröffentlichung kommt. Diese Grundregel sollte, auch in Anbetracht der personellen Engpässe und dem damit verbundenen zeitlichen Druck, wieder stärker in den Vordergrund gerückt werden.

5. **„Der Baumarkt muss doch bei uns weiterhin Anzeigen schalten, wenn er seine Frühlingsblumen verkaufen will."**
Eine gefährliche Fehleinschätzung! Selbst kleinere Unternehmen werben inzwischen im Internet. Deshalb gehen die Anzeigen-Erlöse bei traditionellen Medienunternehmen nicht erst seit der Corona-Pandemie massiv zurück. Daneben befindet sich die Zahl der Abonnenten von Tageszeitungen im Sinkflug (siehe die Abb. 1.2 von Prof. Dr. Klaus Meier), und auch der Rundfunkbeitrag steigt für den öffentlich-rechtlichen Rundfunk kaum. Fazit: Die Einnahmesituation für Medienunternehmen ist alles andere als optimal.
Der Kostendruck steigt. Er steigt zusätzlich, weil auf der Ausgabenseite auch mehr Aufwände entstehen: Es müssen mehr Kanäle bespielt, neues Equipment angeschafft und Apps programmiert werden.
Damit wächst der Druck, sich zu wandeln, Innovationen erfolgreich zu implementieren, effizienter zu arbeiten, neue Geschäftsmodelle fernab des Kerngeschäfts zu entwickeln und sich aber auch von altem Ballast zu trennen. Heute ist es beispielsweise nicht mehr zeitgemäß, wenn eine Tageszeitung am Montag auf einer ganzen Seite Sportergebnisse abdruckt, die die Leser bereits am Wochenende viel bequemer auf der Verbands-Website abrufen können.

Und in der Unternehmenskommunikation muss heute auch nicht mehr jede noch so kleine Neuigkeit in einer Pressemitteilung münden.

6. **„Irgendwas mit Medien ist doch der Traumberuf von allen. Wir werden doch sowieso mit Bewerbungen überschüttet."**

Diese Zeiten sind für viele Medienhäuser vorbei! Dass Chefredakteure heutzutage aus einem Stapel von ausgezeichneten Bewerbungen den perfekten Kandidaten für ein Volontariat auswählen können, ist wohl längst Geschichte. Aus diesem Grund werben Zeitungshäuser vermehrt mit Imagevideos und Kampagnen, um auf die Ausbildungsmöglichkeiten im eigenen Haus aufmerksam zu machen. An deutschen Hochschulen und Universitäten boomen Medienstudiengänge. Doch wo gehen die ausgebildeten jungen Talente hin? In den klassischen Journalismus jedenfalls immer weniger. Dies liegt auch daran, dass das Image des Journalisten gelitten hat und etablierte Medien von Jugendlichen alt altbacken wahrgenommen werden – auch hier braucht es einen Wandel.

Oftmals schrecken die langen Arbeitszeiten und der Dienst am Wochenende ab, die vermeintlich schlechte Bezahlung und die mangelnde Perspektive. Die fehlenden Bewerber gehen auch zurück auf eine neue Konkurrenzsituation auf dem Arbeitsmarkt: Journalismus und Kommunikation wird nicht mehr nur bei Medienunternehmen benötigt, die Kompetenzen sind durchweg in nahezu allen Branchen gefragt. Des Weiteren haben sich in den vergangenen Jahren etliche neue Berufsbilder entwickelt (siehe hierzu Schwertner, N.: „Medienberufe im Wandel", in: Kaiser, M. et al. 2019, S. 40–63).

7. **„Wir stellen Waschmaschinen her und sind doch kein Medienunternehmen."**

Chance verpasst! Als Kommunikations-Chef eines Unternehmens eine Pressemitteilung zu schreiben und an Journalisten zu verschicken, ist nicht mehr wirksam genug, um ein Thema zu verkaufen. Red Bull und Mercedes haben es beispielsweise vorgemacht, wie Unternehmen sich eigene Medienkanäle aufbauen und mit ihren Kunden direkt kommunizieren statt über den Umweg der Presse, die bisher die Rolle eines Gatekeepers hatte.

Immer mehr Unternehmen setzen auf Corporate Publishing und Content Marketing. Unter Corporate Publishing versteht man eine journalistisch aufbereitete Informationsvermittlung durch ein Unternehmen wie zum Beispiel eine Kundenzeitung, ein Online-Magazin, Corporate Blogs und auch Social-Media-Kanäle. Ein bekanntes Beispiel dafür ist SZ Scala, die Agentur der Süddeutschen Zeitung für strategische Unternehmenskommunikation und Content Marketing.

Hintergrund-Informationen

Beispiele für eigene Medien der Unternehmenskommunikation sind:

Virtuelle Pressekonferenz: Ein Event muss nicht immer vor Ort stattfinden. Aufgrund des immer größer werdenden zeitlichen Drucks kann eine virtuelle Pressekonferenz eine Alternative sein. Journalisten, aber auch interessierte Kunden, Aktionäre oder Geschäftspartner können das Event so aus ihrem Büro verfolgen und bekommen das Thema ansprechend und lebendig präsentiert, anstatt eine Mail mit einem Hinweis zu erhalten. Sicherlich sollte man eine schriftliche Zusammenfassung vorbereiten, aber die Wahrnehmung durch das Event ist eine größere. Während der Corona-Krise hatten sich auf diese Weise beispielsweise die Bundeskanzlerin und der bayerische Ministerpräsident direkt an die Bürger gewandt.

Video-Inhalte integrieren: Umso kürzer, umso besser. Eine Alternative zur reinen Textform bietet Video-Content. In Interviews oder kurzen Erklärvideos kann auf ein Thema aufmerksam gemacht werden.

Newsletter und Blogs: Vorteil eines Newsletters ist, dass man dort verschiedene Themen unterbringen kann. Wichtig bei einem Newsletter ist die Personalisierung, sodass die News auf die individuellen Bedürfnisse angepasst sind. Dadurch ist eine präzise Themenauswahl garantiert und jeder Empfänger erhält nur die Informationen, die für ihn auch wirklich relevant sind. Eine weitere Möglichkeit ist ein spezifischer Themenblog.

Social Media: Hier ist mit speziell für soziale Netzwerke aufbereiteten Inhalten eine virale Verbreitung möglich. Daher empfiehlt es sich, die unternehmenseigenen Kanäle gut zu pflegen und auf dem aktuellen Stand zu halten. Ein weiterer Vorteil kann unter dem Aspekt der Open Innovation sogar sein, Kunden einzubinden, um mit ihnen neue Produkte auf Facebook, Instagram & Co. zu entwerfen.

Als Klassiker für eine der radikalsten Veränderungen der Geschichte wird in der Change-Management-Literatur immer wieder genannt, dass Henry Ford im Jahr 1908 das Fließband eingeführt und damit das Automobil als Massenprodukt etabliert hat. Inkrementelle Veränderungen durch Evolution, aber auch radikale Veränderungen gibt es in allen Branchen. Change-Management-Literatur differenziert in ihren Aussagen nur selten zwischen verschiedenen Bereichen. Das Buch „Change Management in Gesundheitsunternehmen" von Martina Oldhafer et al. bei SpringerGabler aus dem Jahr 2019 ist fast schon eine Ausnahme. Warum soll daher für die Medien- und Kommunikationsbranche nicht all das ebenfalls gelten, was Change-Management-Klassiker wie John Lewin mit seinem Drei-Phasen-Modell oder John P. Kotter mit seinem Acht-Stufen-Modell aufgestellt haben?

Die Medien- und Kommunikationsbranche hat einige Besonderheiten. Aus diesem Grund lohnt sich ein spezifischer Blick auf die besonderen Herausforderungen und Veränderungen in der Branche, aber auch auf die Charaktere, die in dieser Branche arbeiten.

Egal, ob im Design, im Journalismus, bei Kameraleuten, Social-Media-Redakteuren oder Textern in der Werbebranche: Es handelt sich um kreative Berufe. Hier ist es noch einmal deutlich wichtiger, den Menschen bei Veränderungen mitzunehmen als in einer Schraubenfabrik. Im Journalismus beispielsweise gibt es keine unumstrittenen sinnvollen KPIs, an denen die Arbeit von Reportern gemessen werden kann. Gerade in der Kommunikationsbranche spielt die intrinsische Motivation eine große Rolle. Dies folgt daraus, dass sich die Mitarbeiter stark mit der Vision und den Zielen ihrer beruflichen Tätigkeit identifizieren. Genau deshalb ist es immens wichtig, den Mitarbeiter mitzunehmen, indem man ihn in Veränderungsprozesse stark einbindet und auch erklärt, warum es den Wandel gibt.

Der Akademiker-Anteil unter den Beschäftigten im Journalismus und in der Unternehmenskommunikation ist relativ hoch. Die Mitarbeiter sind es gewohnt, selbstständig zu arbeiten, viele Entscheidungen selbst zu treffen, sie sind oftmals diskussionsfreudig. Auch dies führt dazu, dass sie in den Change-Prozess stark eingebunden werden sollten, um Blockaden möglichst gar nicht erst entstehen zu lassen und andererseits deren Ideen mitzunutzen.

Hinzu kommt, dass bei digitalen Projekten häufig interdisziplinäre Teams zusammenarbeiten. Weil es sich oftmals auch um mehrere parallel laufende kleinere Veränderungsprojekte handelt, für die zum Teil auch viel Expertenwissen nötig ist (zum Beispiel bei der Einführung einer Paywall), können weder die Verlagsleitung noch die Chefredaktion alles oktroyieren und überwachen. Deshalb muss man auf möglichst viel Eigeninitiative bei den Veränderungen setzen, was auch wiederum die Bedeutung von Change Management aufzeigt.

Der Arbeitsmarkt war bis zur Corona-Pandemie ein Arbeitnehmer-Markt: Mitarbeiter konnten sich weitgehend ihren Arbeitgeber aussuchen. Im Kommunikationsbereich wurden zahlreiche neue Job-Möglichkeiten geschaffen, unter anderem durch die Einführung neuer Social-Media-Kanäle und im Bereich Corporate Publishing. Das führt genauso wie der Trend zu New-Work-Arbeitsweisen dazu, dass Medienunternehmen stärker auf die Bedürfnisse und Wünsche ihrer Mitarbeiter eingehen müssen, um als Arbeitgeber attraktiv zu bleiben.

Jede Branche hat spezifische Change-Projekte. Ein Trend im Journalismus war in den 1990er Jahren beispielsweise die Umstellung innerhalb der Redaktion auf einen Ganzseiten-Umbruch: Der Journalist selbst erstellte das Layout der Tageszeitungsseiten auf seinem PC, in das die Kollegen ihre Texte direkt hineinschreiben können. Zuvor hatte er es auf Papier aufgezeichnet und in die Technik-Abteilung gegeben, wo letztlich ein Metteur die einzelnen Texte mit einem Skalpellmesser ausgeschnitten und auf die Seite geklebt hatte.

Im Folgenden werden – ohne Anspruch auf Vollständigkeit – einige spezifische Veränderungsprozesse in der Medien- und Kommunikationsbranche betrachtet.

2.1   Einführung eines Newsrooms in Redaktionen

Wird in einer Redaktion oder in einem Unternehmen ein Newsroom eingeführt, handelt es sich aus Change-Management-Gesichtspunkten um ein sehr komplexes Unterfangen. In diesem einen Projekt stecken zahlreiche Veränderungen und eine Menge Zündstoff innerhalb der Redaktion.

Großraumbüro statt Einzelbüro: Für viele Redakteure ist es neu, künftig nicht mehr in einem Zellenbüro zu arbeiten. Häufig haben sie es sich in ihrem Einer- oder Zweier-Büro über die Jahre hinweg gemütlich eingerichtet, Fotos ihrer Familienangehörigen aufgestellt, einen eigenen Kühlschrank oder zumindest eine eigene Kaffeemaschine mitgebracht, ja in mancher Sportredaktion ist am Schrank sogar ein Basketballkorb befestigt, auf den in Pausen immer wieder mit dem Ball geworfen wird. Diese Sorgen, künftig in einem großen Büro an Funktionsarbeitsplätzen zu sitzen, muss man in jedem Fall ernst nehmen. Dies ist auch dann wichtig, wenn beim Newsroom an alle technischen Aspekte gedacht worden ist: an schall-schluckenden Teppichboden, an eine Klimaanlage und an komfortables Mobiliar.

Hierarchien verschieben sich: Ressorts in einer Zeitungsredaktion haben bislang relativ autonom gearbeitet. Wer hat künftig aber das letzte Wort, wenn zum Beispiel der Politik-Ressortleiter und der Deskchef unterschiedlicher Meinung sind? Manche Redaktionen (wie die Rheinpfalz) regeln dies so, dass dann der Chefredakteur entscheidet. In anderen sticht der Newsdesk, der nicht selten von einem stellvertretenden Chefredakteur geleitet wird, den Ressortleiter aus – was zu einem Machtverlust für jenen führt.

Neue Berufsbilder entstehen: Ein Spezialist für Suchmaschinenoptimierung, ein Audience-Development-Manager oder ein Social-Media-Redakteur – neue Berufsbilder erfordern neues Wissen, Fortbildungen und Einarbeitung.

Neue Software: Themenplanung mit zum Beispiel der Software Desk-Net, ein neues medienneutrales Redaktionssystem, Analysetools für das Social Web etc. – die Einführung von neuer Software steht häufig im Mittelpunkt von Veränderungsprozessen. Auch hier gilt es, die Mitarbeiter mitzunehmen, ihnen den Nutzen zu verdeutlichen und auch individuell darauf zu achten, wie leicht sich Mitarbeiter in neue Programme einarbeiten können.

Print-Online-Integration: Dies stellt eine der größten Herausforderungen dar, um einen Newsroom einzuführen. Oftmals gab es eine unterschiedliche Bezahlung, teils kommen Redakteure sogar aus unterschiedlichen GmbHs wieder zusammen. Die Print-Redakteure hielten die Onliner für digitale Nerds. Breit diskutiert worden ist dies zum Beispiel beim Aufstieg des ehemaligen Online-Chefs von sueddeutsche.de, Stefan Plöchinger (heute: Ottlitz), in die Chefredaktion der Süddeutschen Zeitung wegen seiner Kapuzenpullover (vgl. https://www.spiegel.de/kultur/gesellschaft/sueddeutsche-zeitung-hoodiejournalismus-fuer-ploechinger-a-960349.html, [abgerufen am: 12.06.2020]). Online-Redakteure wiederum hielten die Printredaktion für ein Relikt des vergangenen Jahrtausends. Diese zwei Kulturen zu verbinden und daraus ein Team zu formen, ist eine der größten Herausforderungen an das Change Management.

Veränderte Arbeitszeiten: Vor 9 Uhr haben Redaktionen nur in seltensten Fällen zu arbeiten begonnen, Sportredaktionen liefen meist sogar erst nachmittags oder am Abend zur Hochform auf. Auf der Website gibt es aber bereits die erste Spitze bei den Zugriffszahlen am Vormittag, wenn Arbeitnehmer ins Büro kommen. Deshalb werden in der Regel Arbeits-, aber auch Redaktionskonferenz-Zeiten an die digitalen Kanäle angepasst. Dies kann bei Redakteuren durchaus dazu führen, dass sie auch ihr Privatleben umstellen müssen und vielleicht morgens nicht mehr die Kinder in die Schule bringen können.

2.2   Einführung von Social-Media-Kanälen im Unternehmen

Marketing ist zuständig für die Werbung, der Kundendialog schreibt Briefe an die Verbraucher, der Vertrieb sendet Flyer mit neuen Produkten, die Unternehmenskommunikation informiert die Presse, und die Personalabteilung schaltet Anzeigen im Stellenmarkt der Zeitung. In Unternehmen mussten die verschiedensten Abteilungen, die in gewisser Weise irgendetwas mit Kommunikation zu tun hatten, bisher relativ wenig miteinander sprechen.

Mit Social Media hat sich dies grundlegend geändert. Auf einmal haben alle Abteilungen Interesse am selben Kanal. Beispiel Facebook: Die Unternehmenskommunikation ist verantwortlich für die Posts auf der Fanpage, die Marketing-Abteilung schaltet Facebook-Werbung, die Messages von Usern betreffen den Kundendialog, die interne Kommunikation erreicht die Mitarbeiter besser über eine Facebook-Gruppe als über das Intranet, und Human Ressources sieht in sozialen Netzwerken den wichtigsten Kanal, um mit potenziellen Bewerbern in Kontakt zu treten. Die Abteilungen müssen zusammenarbeiten.

Dies führt nicht selten zu Reibereien während des Veränderungsprozesses. In manchen Unternehmen konnten sich Marketing und Unternehmenskommunikation nicht riechen, in manchen sind der HR-Leiter und der Chef des Kundenservice verfeindet. Unklar ist zudem, wer denn nun bei den neuen Social-Media-Kanälen das Sagen hat. Bei XING und LinkedIn mag es sinnvoll erscheinen, dass die Personalabteilung den Hut auf hat. Bei Facebook, Twitter, Instagram & Co. kann niemand per se die Führungsrolle für sich beanspruchen.

Die Einführung von Social-Media-Kanälen geht bei manchen Unternehmen Hand in Hand mit einem Newsroom bzw. einer generellen Neustrukturierung. Dies muss hier genauso bedacht werden wie die gefühlte Abwertung einer Pressestelle. Schließlich erlangt diese einen Bedeutungsverlust im Unternehmen, wenn künftig verstärkt über eigene Kanäle – Stichwort Corporate Publishing – kommuniziert wird.

2.3 Mobile Reporting und multimediale Arbeitsweisen

Vom Reporter als Eierlegender Wollmilchsau wird öfter gesprochen, wenn er auf einem Termin zugleich fotografiert, filmt, mitschreibt und möglichst live vor Ort die Social-Media-Kanäle bedient. Früher konnte sich ein Journalist in der Regel auf einen Ausspielkanal konzentrieren, heute muss er mehrere bedienen oder zumindest für mehrere Kanäle mitdenken.

Dies führt zu zahlreichen neuen Anforderungen. Der Journalist muss sich stärker mit Technik auseinandersetzen und auskennen als früher, er hat höheren Zeitdruck, und er muss Erzählweisen für die ihm bislang unbekannten Medien kennenlernen. Bei Mobile Reporting, also der Berichterstattung mit mobilen Endgeräten direkt vom Ort des Geschehens, kommt hinzu, dass der Reporter nicht erst ins Redaktionsgebäude fährt, um seinen Fernsehbeitrag von einem Cutter schneiden zu lassen oder um seinen Bericht zu tippen, sondern er produziert seinen journalistischen Beitrag unter allen Widrigkeiten (vom schlechten Smartphone-Empfang bis zur Geräuschkulisse bei einer Veranstaltung) selbst. Diese neuen Anforderungen führen dazu, dass man auch diese Umstellung mit Change Management begleiten muss.

Hinzu kommen unterschwellige Botschaften. Zählte bislang das geschliffene Wort der Edelfeder in einer Reportage oder einem Leitartikel, so erfährt künftig Geschwindigkeit mehr Wertschätzung. Auch das muss transparent und offen kommuniziert werden, was man künftig von einem Redakteur erwartet. Diese unterschiedliche Bewertung, was unter einer guten Arbeitsleistung zu verstehen ist, kommt auch bei den Plus-Modellen für Paid Content (wie bei bild.de oder spiegel.de) genauso zum Tragen wie bei der Einführung von automatisierter Kommunikation wie zum Beispiel Chatbots oder Roboterjournalismus. Auch das ist ein Change-Prozess, wenn Mitarbeiter und deren Leistungsbeurteilung künftig neuen Kriterien unterliegt.

Change funktioniert nur mit Management

3

Die Einführung eines Newsrooms, eines neuen Social-Media-Kanals, das neue Prinzip online-to-print statt Exklusivmeldungen in der Tageszeitung oder die Fusion zweier Mantelredaktionen zu einer Einheit: All das sind radikale Veränderungsprozesse, die gesteuert werden müssen. Wie dies gelingen kann, wird in diesem Kapitel dargestellt.

Vor einer Veränderung steht die Vision. Wenn diese fehlt, sollte man die Finger von einem radikalen Change-Prozess lassen und nur sukzessive etwas verändern. Jede Veränderung leitet sich aus einer Vision ab, die noch etwas abstrakter sein kann bzw. sogar sein sollte (zum Beispiel „Wir wollen das digitalste Medienhaus in NRW werden!" oder „Unsere Kunden erreichen wir vollständig über eigene Kanäle!"). Eine Vision hat manchmal einen Zeithorizont von über zehn Jahren.

Erst aus der Vision werden eine Strategie und Ziele abgeleitet, die SMART sein sollten (siehe Abb. 3.1). Hierbei handelt es sich um ein Akronym. Für die einzelnen Buchstaben gibt es nicht immer dieselbe Zuordnung. Verwendet man deutschsprachige Begriffe, steht SMART in der Regel für spezifisch, messbar, attraktiv, realistisch und terminiert.

Nur unter der Federführung bzw. mit Beteiligung der Führung eines Unternehmens können eine Vision, eine Strategie und die konkret formulierten Ziele festgelegt werden. Dabei spielen neben der Strategie, also mit welchen Maßnahmen die Ziele erreicht werden sollen, auch die Struktur und die Kultur eine entscheidende Rolle. Mit Struktur ist zum einen gemeint, wie die Abläufe organisiert werden. Zum anderen wie die Redaktion oder die Kommunikationsabteilung eines Unternehmens aufgebaut ist. Die Kultur befasst sich damit, mit welchen Werten das Unternehmen bzw. das journalistische Produkt verbunden

© Springer Fachmedien Wiesbaden GmbH, ein Teil von Springer Nature 2020
M. Kaiser und N. Schwertner, *Change Management in der Kommunikationsbranche*, essentials,
https://doi.org/10.1007/978-3-658-31138-4_3

Ziele sollten SMART formuliert werden

Specific	spezifische Ziele
Measurable	messbare Ziele
Achievable	erreichbare Ziele
Relevant	relevante Ziele
Time-based	terminierte Ziele

Abb. 3.1 Nur wenn Ziele smart formuliert sind, sind sie konkret genug, um ihre Umsetzung auch bewerten zu können. (Grafik: eigene Darstellung)

werden soll und welche Werte im Unternehmen zwischen den Mitarbeitern vorgelebt werden.

Eine Vision, eine Strategie und die Ziele entstehen nicht, indem der Verlagsleiter, der Intendant, der Chefredakteur oder der Konzernsprecher auf sein Bauchgefühl hört. Es ist keine einsame Entscheidung, die eine Person trifft und selbst in einem mittelständischen inhabergeführten Verlag treffen sollte. Um eine Strategie zu entwickeln, gibt es eine Reihe von internen und externen Analysemethoden, die das Management beherrschen sollte. Eine relativ einfache Methode ist die SWOT-Analyse (siehe Abb. 3.2). Auf der nächsten Seite wird gezeigt, wie diese am Beispiel der Einführung von Events als weiterer Ausspielkanal aussehen könnte.

Ein weiteres Beispiel: Es lohnt sich bei der Entwicklung einer Vision stets der Blick auf aktuelle Megatrends. Unter den aktuellen Megatrends sind zum Beispiel der Trend zur Individualisierung, zur Konnektivität, die Silver Society, die Neo-Ökologie oder ein Trend zur Wissenskultur (vgl. www.zukunftsinstitut. de/artikel/die-5-wichtigsten-megatrends-fuer-unternehmern-in-den-2020ern/, [abgerufen am 7.6.2020]). Aus diesen Megatrends lassen sich Schlussfolgerungen für die eigene Vision ableiten.

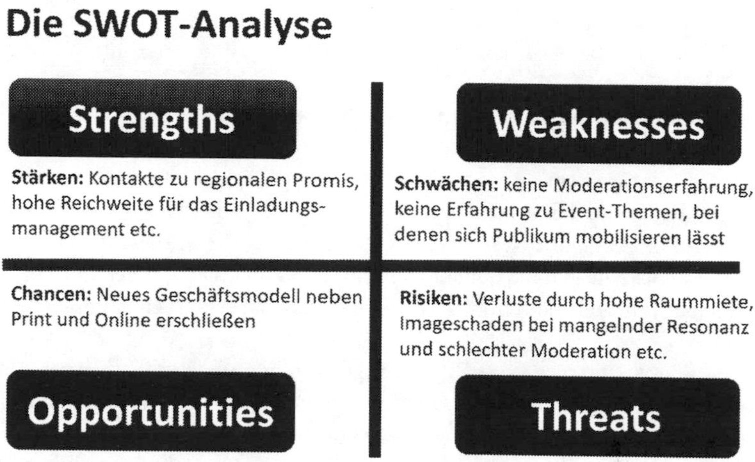

Die SWOT-Analyse

Strengths	Weaknesses
Stärken: Kontakte zu regionalen Promis, hohe Reichweite für das Einladungsmanagement etc.	**Schwächen:** keine Moderationserfahrung, keine Erfahrung zu Event-Themen, bei denen sich Publikum mobilisieren lässt
Chancen: Neues Geschäftsmodell neben Print und Online erschließen	**Risiken:** Verluste durch hohe Raummiete, Imageschaden bei mangelnder Resonanz und schlechter Moderation etc.
Opportunities	Threats

Abb. 3.2 Die SWOT-Analyse legt an einem Beispiel dar, wie sich eigene Stärken und Schwächen auswirken können. (Grafik: eigene Darstellung)

Bei der Analyse ist es ratsam, zunächst das globale Umfeld zu betrachten, dann die eigene Kommunikations- und Medienbranche, schließlich die Stakeholder (wie Hörer, Zuschauer, Leser, User und Kunden, die Mitarbeiter sowie die Anteilseigner) und schließlich das eigene Unternehmen an sich. Dabei sollte man auf technologische Faktoren (zum Beispiel die im Gartner Hype Cycle aufgeführten neuen Technologien wie Blockchain, Künstliche Intelligenz, immersive Medien usw.) genauso achten wie auf ökologische, politische und gesellschaftliche Faktoren.

Neue Produkte und damit auch neue Geschäftsmodelle können zum Beispiel mit Hilfe von Desing-Thinking-Methoden entwickelt werden (siehe hierzu das Buch „Transforming Media. Neue Geschäftsmodelle in der digitalen Welt" von Markus Kaiser und Stefan Sutor).

Hier sind wir aber noch nicht beim Change Management, noch nicht einmal beim Projektmanagement. Wenn die Vision, die Strategie und die Ziele definiert sind, gilt es festzulegen, wie das Ziel erreicht werden soll, also welche Veränderung und auf welchem Weg diese Veränderung (zum Beispiel durch agile Methoden wie Scrum oder durch ein klassisches Projektmanagement) erreicht werden soll. Es werden gewünschte Ergebnisse definiert, Meilensteine und schließlich Arbeitspakete sowie die beteiligten Mitarbeiter, um das Projekt umsetzen zu können.

Projektmanagement ist nicht dasselbe wie Change Management. Bei Letzterem steht der Mensch im Mittelpunkt, der Mitarbeiter, der die Veränderung durchführt oder der von ihr betroffen ist. In der Regel gibt es auch zwei verschiedene Personen, die mit einem unterschiedlichen Blickwinkel auf das Projekt bzw. den Veränderungsprozess blicken: auf der einen Seite der Projektmanager, der die Meilensteine und die qualitativen Ziele im Blick hat, auf der anderen Seite der Change Manager, der dafür sorgen soll, dass die Mitarbeiter mitgenommen werden.

Es empfiehlt sich, dass von Beginn eines Veränderungsprozesses an auch ein Change Manager involviert ist. „Nicht zwingend muss es sich dabei um einen externen Berater handeln; diese Aufgabe kann auch jemand aus dem eigenen Unternehmen übernehmen" (Kaiser et al. 2019, S. 21). Insbesondere in mittelständischen Medienunternehmen mag ein externer Change-Berater mehr Erfahrung mit weiteren Change-Prozessen haben, Change-Management-Tools besser kennen und unvoreingenommen sein. Ihm geht es nicht darum, nach dem Change-Prozess selbst irgendwelche Posten zu erlangen. Für einen internen Change Manager spricht wiederum, dass er die Strukturen des Unternehmens, die Schwachstellen und die Kollegen besser kennt und damit den Change-Prozess authentischer begleiten kann (vgl. ebd.: S. 21).

Welchen Aufgaben auf einen Change Manager zukommen, wie erfolgreiches Change Management aussieht und was es bei einem Change-Prozess zu beachten gilt, wird in den folgenden Unterkapiteln erläutert. Dazu wird auf Modelle aus dem Change Management zurückgegriffen, um jeweils praxisorientiert Ratschläge für ein gelungenes Change Management herauszuarbeiten, ohne dass die Modelle jeweils allumfassend in ihren Details vorgestellt werden.

3.1 Jede Veränderung braucht ein Ende: Das Drei-Phasen-Modell von Kurt Lewin

Der Sozialpsychologe Kurt Lewin hat sein Drei-Phasen-Modell für Veränderungsprozesse bereits im Jahr 1947 formuliert (Abb. 3.3). Die erste Phase nennt Lewin „Unfreezing", die Vorbereitung einer Veränderung. In dieser Phase teilt die Geschäftsführung bzw. Verlagsleitung ihre Pläne mit und die betroffenen Mitarbeiter werden eingebunden. In der zweiten Phase, dem „Moving", erfolgt

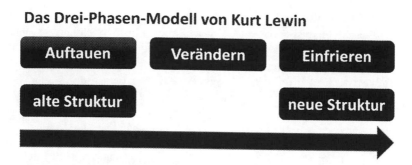

Abb. 3.3 Das „Einfrieren" ist beim Modell von Kurt Lewin mindestens genauso wichtig wie das „Auftauen" bei einem Veränderungsprozess. (Grafik: eigene Darstellung)

die Veränderung. Der neue angestrebte Zustand wird herbeigeführt. Die dritte Phase ist das „Freezing", das Verfestigen der neuen Arbeitsweise.

Das Modell von Kurt Lewin klingt recht simpel. Darin steckt aber ein wichtiger Punkt, der bei zahlreichen Change-Vorhaben vernachlässigt wird: ein Veränderungsprozess hat einen Anfang und ein Ende. Das bedeutet zum einen: Ein Change-Prozess muss gut vorbereitet sein und wird nicht spontan aus einer Laune heraus angestoßen. Das „Auftauen", das im später beschriebenen ADKAR-Modell mit der Schaffung eines Bewusstseins für den Veränderungsprozess einhergeht, darf nicht vernachlässigt werden. Auf der anderen Seite muss ein System nach dem „Einfrieren" auch wieder in einen stabilen Zustand versetzt werden.

Ein nie endender Veränderungsprozess überfordert die Mitarbeiter. Dies mag auf den ersten Blick nach einem Widerspruch zur These aus dem ersten Kapitel dieses Buchs klingen, dass die Digitalisierung bei weitem noch nicht an ihrem Ende angelangt ist. Es bedeutet aber, dass jeder einzelne Veränderungsprozess ein Ziel und einen Endpunkt braucht, auf den das Projektteam, die Geschäftsleitung und vor allem die Mitarbeiter hinarbeiten.

Aber warum ist dies so wichtig? Während eines Veränderungsprozesses wird von Mitarbeitern sehr viel abverlangt: Sie müssen sich aus ihrer Komfortzone bewegen, Überstunden schieben und auf neue Arbeitsweisen einlassen. In der Regel sind Mitarbeiter nur bereit, diesen Mehraufwand mitzutragen, wenn es sich um einen für sie begrenzten und ihnen klar benannten Zeitraum handelt.

Dies ist übrigens auch ein Grund, warum Veränderungsprozesse generell möglichst dann angestoßen werden sollten, wenn ein Unternehmen nicht bereits mit dem Rücken zur Wand steht. Wenn Personal abgebaut und die Arbeit verdichtet wird, ist die Mehrarbeit durch einen Change-Prozess häufig nicht gut stemmbar, überfordert die Mitarbeiter und führt letztlich dazu, dass sich weit mehr Mitarbeiter vom Vorhaben abwenden.

„Im überwiegenden Teil der Fälle sind ein gewisser Leidensdruck oder sogar richtige Krisen oder Varianten davon ausschlaggebend für den Auslöser einer Veränderung", meint Josef Wissinger im Buch „Innovation in den Medien". „Manche Experten sprechen von bis zu 80 % der Veränderungen, die durch Druck von außen angestoßen werden" (Kaiser 2015, S. 198). Weitere Auslöser sind Visionen und Einsicht. In diesen Fällen ist die Ausgangslage deutlich besser.

Neue agile Arbeitsweisen sowie die weiterhin rasante Dynamik der Digitalisierung sind Gegenargumente für den stabilen Zustand. Hier muss man allerdings zwischen Projekten und Tagesgeschäft unterscheiden. Während immer neue Projekte angestoßen werden, um Corporate-Publishing-Produkte oder ein Datenjournalismus-Projekt zu launchen, braucht es für den Ablauf im Newsroom eine feste Struktur, sobald dieser die Arbeit aufgenommen hat. Natürlich wird auch hier nachjustiert, aber möglichst in evolutionären Schritten.

3.2   Eine Führungskoalition steht fast am Anfang: Das Acht-Stufen-Modell von John P. Kotter

Ein weiterer Change-Management-Klassiker ist das Acht-Stufen-Modell des US-amerikanischen Wissenschaftlers John P. Kotter, der an der Harvard Business School lehrt (Abb. 3.4). Manche Aspekte finden sich in verschiedenen Modellen. Beachtenswert am Modell von Kotter ist der Punkt, eine Führungskoalition aufzubauen.

In Redaktionen ist häufig ein stellvertretender Chefredakteur speziell verantwortlich für die digitalen Kanäle. Wenn er Veränderungen durchführen will, bedeutet dies, dass er sich Verbündete suchen muss. Entscheidend ist natürlich immer, dass Vorgesetzte die Veränderung mittragen und sich auch in der Belegschaft positionieren. Es bedarf aber auch Unterstützung auf gleicher Hierarchieebene. Der stellvertretende Chefredakteur muss auf Mitarbeiterebene Fürsprecher gewinnen und sich insbesondere auch mit den anderen Abteilungen eines Verlags oder eines Rundfunksenders vernetzen.

Für ein digitales Produkt beispielsweise muss der stellvertretende Chefredakteur genauso den Leiter der Anzeigenabteilung für sich gewinnen wie den Chef der Marketingabteilung und den des Vertriebs. Baut der stellvertretende

Acht-Phasen-Modell nach John Kotter

1. Dringlichkeit aufzeigen	2. Führungskoalition aufbauen	3. Vision und Strategie entwickeln
4. Die Vision kommunizieren	5. Hindernisse aus dem Weg räumen	
6. Kurzfristige Erfolge sichtbar machen	7. Veränderung weiter vorantreiben	8. Veränderungen in der Unternehmenskultur verankern

Abb. 3.4 Der US-Wissenschaftler John P. Kotter beschreibt acht Stufen, die bei einem Veränderungsprozess beachtet werden sollten. (Grafik: eigene Darstellung)

Chefredakteur keine Führungskoalition auf, fehlt für einen radikalen Veränderungsprozess die Kraft.

John P. Kotter sieht diese Führungskoalition bereits in der Anfangsphase als immens entscheidend an: Bei erfolgreichen Change-Prozessen wächst diese Führungskoalition Stück für Stück. Ist sie von Anfang an noch nicht vorhanden, wird der Veränderungsprozess versanden, glaubt Kotter. Wichtig sei, den Leiter des Unternehmens dabei zu haben plus Abteilungsleiter und weitere 5 bzw. 15 bzw. 50 Mitarbeiter – natürlich je nach Größe der Kommunikations- oder Marketingabteilung bzw. Redaktion. In den meisten erfolgreichen Beispielen ist laut Kotter diese Koalition sehr mächtig, was die Hierarchieebene, das Ansehen, den Informationsfluss, die Vernetzung und Erfahrung betrifft (vgl. Kotter 1995, S. 62).

Für Kotter ist die Führungskoalition so bedeutend, dass er diese noch vor der Entwicklung und Kommunikation einer Vision bzw. Strategie sieht. Dies wiederum kann man aber natürlich auch kritisieren, schließlich beginnt ein Veränderungsprozess – wie zu Beginn dieses Kapitels beschrieben – erst dann, wenn eine Vision entwickelt worden ist.

Die acht Stufen von Kotter lassen sich bei einem Change-Prozess wie eine Checkliste abarbeiten, aber natürlich auch mit anderen Modellen kombinieren und auf das eigene spezifische Change-Vorhaben anpassen. Ein wichtiger Aspekt bei Kotter, der sich nicht in allen Modellen findet, ist es, kurzfristige Erfolge sichtbar zu machen.

Manche Veränderungsprozesse benötigen eine lange Vorbereitungs-
zeit, die Umstellung erfolgt aber auf einen Schlag: Dies ist zum Beispiel bei
der Einführung eines Newsrooms der Fall. Andere Vorhaben ziehen sich über
einen langen Zeitraum. Hier ist es sinnvoll, die kleinen Erfolge während des Veränderungsprozesses sichtbar zu machen und auch zu feiern. Kotter glaubt, dass
zahlreiche Mitarbeiter sich nur ungern auf eine Veränderung einlassen, wenn
sich der Erfolg nicht nach zwölf, spätestens aber 24 Monaten auszahlt. Ohne
kurzfristige Erfolge zu feiern, geben laut Kotter zu viele noch während der Ver-
änderungsphase auf und halten nicht bis zum Ende durch (vgl. Kotter 1995,
S. 65).

3.3   Storytelling hilft auch beim Change: Das 7 + 3-Change-Management-Modell Kaiser// Schwertner

Das 7 + 3-Change-Management-Modell Kaiser//Schwertner setzt noch vor dem
Veränderungsprozess mit der Herausforderung an (Abb. 3.5). Private Medienunternehmen beispielsweise müssen neue digitale Geschäftsmodelle entwickeln,
der öffentlich-rechtliche Rundfunk zumindest die Reichweite bei jüngerem
Publikum erhöhen, und in der Unternehmenskommunikation gilt es, direkte und
schnell nutzbare Kanäle zu den vorhandenen und potenziellen Kunden aufzubauen. Das Modell ist agil aufgebaut.

Aus der Herausforderung wird die Vision entwickelt. Wie dies funktioniert,
wurde beispielhaft zu Beginn dieses Kapitels bereits erläutert. Dieses Fernziel
ist wie ein Navigationsgerät im Auto: Während des Veränderungsprozesses wird
man immer wieder auch durch Seitenstraßen gelotst, man steht im Stau, vielleicht
umfährt man durch eine kurzfristige Streckenänderung sogar eine Unfallstelle –
aber das Ziel bleibt stets vor Augen. Ohne Vision wäre zum einen unklar, wohin
das Medienunternehmen steuert. Zum anderen sind Mitarbeiter noch schwerer
davon zu überzeugen mitzumachen, weil sie gar nicht wissen, warum es die Veränderung überhaupt braucht. Dies führt im 7 + 3-Modell zum nächsten Punkt.

Jeder Wandel braucht eine Story. Schließlich lässt sich eine Vision am
besten kommunizieren, indem man dazu eine passende Geschichte erzählt. Eine
Geschichte hilft Mitarbeitern dabei, für sich selbst zu verinnerlichen, warum der
Veränderungsprozess durchgeführt wird. Die Geschichte hilft dem Mitarbeiter
auch, zum Beispiel den eigenen Familienmitgliedern zu erklären, warum sich was
im Unternehmen ändern soll (vgl. Kaiser et al. 2019, S. 25).

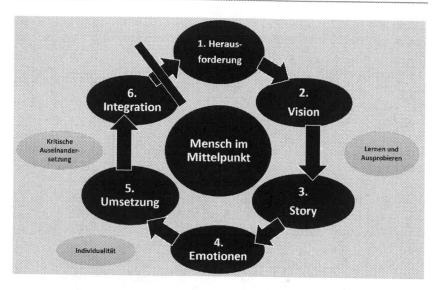

Abb. 3.5 Im 7 + 3-Change-Management-Modell Kaiser//Schwertner steht der Mensch im Mittelpunkt. (Grafik: eigene Darstellung)

Storytelling, das im Journalismus auf eine lange Tradition in Form der Reportage zurückblickt, ist zum Beispiel auch im Marketing und in der Unternehmenskommunikation inzwischen populär geworden. Auch im Change Management sorgt es dafür, dass die oftmals technokratisch klingenden Ziele anschaulicher kommuniziert werden können. „Es empfiehlt sich, die Geschichte mit einem Protagonisten zu erzählen. Ob sich hierfür als Protagonist der Vorstand (bei Apple wirkte Steve Jobs zum Beispiel als Visionär) oder ein gewöhnlicher Mitarbeiter eignen, hängt vor allem von der Unternehmenskultur und dem Charisma der Führungsperson ab" (ebd.: S. 25).

Im 7 + 3-Modell führt dies zum nächsten Punkt: So perfektionistisch und technokratisch im Projektmanagement Arbeitspakete zu entwickeln und abzuarbeiten sind, so sehr darf im Change Management die emotionale Seite nicht vernachlässigt werden. „Change-Prozesse funktionieren vor allem dann, wenn Mitarbeiter emotional abgeholt und mitgenommen werden" (ebd.: S. 26). Die Vision und das Storytelling müssen auf die Emotionen, die geweckt werden sollen, natürlich abgestimmt sein. „Dies bedeutet aber auch, dass das Gesicht eines Veränderungsprozesses jemand sein sollte, der Emotionen bei sich zulässt und ausstrahlt. Einen Veränderungsprozess abzuarbeiten wie die Bestellliste für Bürobedarf, kann daher nicht funktionieren" (ebd.: S. 26).

Natürlich gilt es in diesem Punkt aber auch, negative Emotionen der Mitarbeiter aufzugreifen. Hier können sich berufliche und private Dinge durchaus vermischen. Ein Beispiel: Wird ein langjähriger Redakteur, der bislang bei Beförderungen stets übergangen wurde, bei der Einführung eines Newsrooms zum Deskchef ernannt und dabei sein Gehalt erhöht, mag es auf den ersten Blick keinen Grund geben, bei ihm zu erwarten, dass er dem Veränderungsprozess negativ gegenübersteht. Aber vielleicht kann er künftig seine Kinder wegen der geänderten Arbeitszeiten nicht mehr früh morgens in die Kita bringen? Oder er fürchtet, künftig öfter auf einen unliebsamen Kollegen am Desk zu treffen? Vielleicht sieht er seine Berufung aber auch darin, dass er gerne unterwegs auf Recherchen ist und nicht den ganzen Tag im Büro verbringen möchte. Oder er möchte seinen liebevoll eingerichteten Arbeitsplatz mit aufgestellten Fotos seiner Frau und seinen zwei Kindern und der eigenen mitgebrachten Kaffeemaschine nicht gegen einen Wechselarbeitsplatz eintauschen. Beim Change Management gilt es daher, auch auf die persönliche Seite des Mitarbeiters zu blicken und zu verstehen, was ihm wichtig ist.

Wenn die Vision entwickelt ist, das Storytelling steht und die Emotionen geweckt sind, kann es an die Umsetzung gehen, die Veränderungsperiode steht an. Auf diese folgt die Integration. Die neuen Arbeitsweisen, das neue Produkt bzw. der neue Ausspielkanal sollten am Ende fest verankert sein. Das 7 + 3-Modell verbindet die „Freeze"-Phase des Modells von Kurt Lewin (dies wird hier markiert durch den dicken durchgezogenen Balken) durch einen Pfeil mit der nächsten Herausforderung. Es löst also die Kritik am Lewin-Modell auf, dass es nie Stillstand geben darf, ohne allerdings auf einen stabilen Zwischenzustand zu verzichten. Schließlich wird der heute eingeführte Newsroom sich womöglich in einem Jahr schon wieder weiterentwickeln müssen, weil aufgrund der Digitalisierung neue Herausforderungen auf den Verlag, den Rundfunksender oder die Abteilung für Unternehmenskommunikation oder Marketing zukommen.

Bezeichnend ist, dass im 7 + 3-Modell nicht der Veränderungsprozess als solcher, der in der Regel von einem Projektmanager geleitet wird, im Mittelpunkt steht, sondern der Mensch. Schließlich ist in der Change-Management-Literatur immer wieder die Rede davon, dass mindestens 70 % aller Change-Prozesse scheitern. „Gerade bei Veränderungen menschelt es sehr stark, weil Menschen gerne an alt Bewährtem festhalten, Angst vor Neuem haben und es bei Change-Prozessen häufig nicht nur Gewinner, sondern auch (gefühlte) Verlierer gibt, was zum Beispiel Macht und Prestige betrifft" (ebd.: S. 19).

3.4   Am Anfang steht das Bewusstsein: Das Modell ADKAR von Prosci

Zum Beispiel bei der Einführung eines Newsrooms oder neuer Social-Media-Kanäle lässt sich das ADKAR-Modell des US-Unternehmens Prosci sehr gut anwenden (Abb. 3.6). Das Modell kann für Veränderungsprozesse in Unternehmen genauso genutzt werden wie für gesellschaftliche oder politische Veränderungen. Es dient in erster Linie dazu zu erkennen, wo ein Change Manager mit der Konzeption seiner Change-Management-Maßnahmen ansetzen sollte.

Das Modell bezeichnen die Entwickler Jeffrey M. Hiatt und Timothy J. Creasey insbesondere als Planungs-Tool (vgl. Hiatt 2006, S. 131). Es zeigt anhand jeweils eines einzelnen Mitarbeiters auf, wo er beim Veränderungsprozess steht. Dies kann natürlich je nach Mitarbeiter unterschiedlich sein. Deshalb muss auch auf die verschiedenen Geschwindigkeiten beim Change Management Rücksicht genommen werden.

Wird beispielsweise künftig Instagram als der wichtigste Social-Media-Kanal definiert, auf dem zuerst sämtliche lokale und regionale Nachrichten ausgespielt

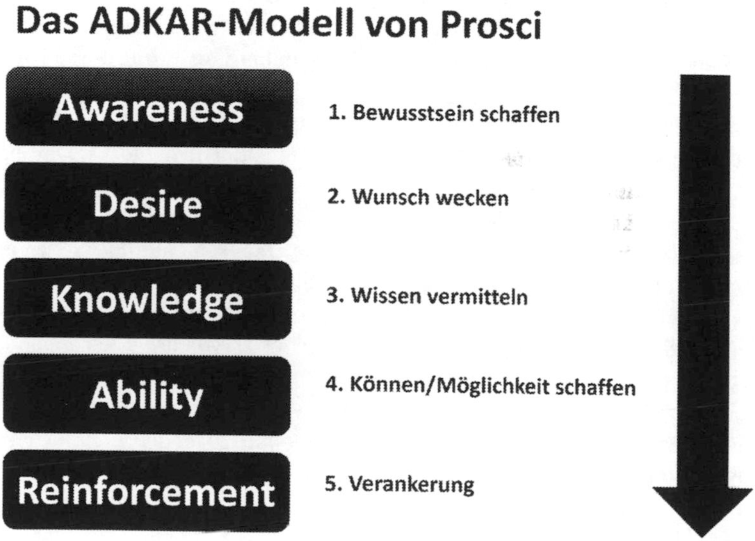

Das ADKAR-Modell von Prosci

Awareness	1. Bewusstsein schaffen
Desire	2. Wunsch wecken
Knowledge	3. Wissen vermitteln
Ability	4. Können/Möglichkeit schaffen
Reinforcement	5. Verankerung

Abb. 3.6 ADKAR eignet sich zur Analyse, wo ein Change Manager mit Maßnahmen ansetzen sollte. (Grafik: eigene Darstellung)

werden, wird der Change-Prozess höchstwahrscheinlich scheitern, wenn man bei den Redakteuren der Außenredaktion mit einer Instagram-Schulung beginnt. Schließlich haben sie noch gar kein Bewusstsein dafür, warum Instagram für sie künftig Relevanz haben soll. Auch haben sie gar nicht den Wunsch, beim Change-Prozess mitzuwirken und künftig auf Instagram Storys zu posten. Sie sehen darin lediglich nervige Mehrarbeit.

Deshalb gilt es in diesem Beispiel, zuerst ein Bewusstsein zu schaffen *(Awareness)*, dass Instagram ein wichtiger Social-Media-Kanal ist, dieser Zugang auch zu jüngerem Publikum verschafft und ohne crossmediale Denkweisen die klassischen Geschäftsmodelle eines Verlags erodieren. Dies kann nüchtern durch Nutzerzahlen von Social-Media-Kanälen erreicht werden, vielleicht durch Diskussionsrunden mit jungen Erwachsenen, vielleicht durch einen Besuch der Lokalredaktion bei den Kollegen der News-WG des Bayerischen Rundfunks.

Der zweite Schritt *(Desire)* geht noch etwas weiter, indem versucht wird zu erreichen, dass der Mitarbeiter sich gerne am Change-Prozess beteiligt und künftig auf Instagram postet. Dies kann man womöglich dadurch erreichen, dass man dem Redakteur klarmacht, dass die Reichweite seiner Nachricht dadurch immens steigt, dass er für den Arbeitsmarkt up to date bleibt oder einfach nur Spaß daran hat, etwas Neues auszuprobieren. Es wird sozusagen auch die Frage beantwortet, welchen Benefit jemand persönlich von der Veränderung hat (vgl. Hiatt 2013, S. 36). Erst dann sollte die Schulung als dritter Schritt folgen *(Knowledge)*.

Anschließend ist wichtig, dass auch die Möglichkeit geschaffen wird, die neuen Fähigkeiten und Arbeitsweisen zu implementieren *(Ability)*. Das heißt, es ist zum Beispiel erforderlich, dass die Redakteure auch mit Smartphones, einem guten Datentarif und externen Mikrofonen ausgestattet werden sowie ihnen die Zeit zugestanden wird, eine erfolgreiche Instagram-Story bei ihren Außenterminen zu erstellen. Zu guter Letzt geht es darum, die Veränderung fest in den alltäglichen Ablauf zu verankern *(Reinforcement)*, bis es den Redakteuren gar nicht mehr so vorkommt, dass es sich um eine neue Arbeitsweise handelt (vgl. Hiatt und Creasey 2012, S. 33–38).

Häufig wird der Fehler begangen, dass bei Veränderungsprozessen mit einer Schulung für die Mitarbeiter begonnen wird, ohne zu analysieren, wo diese stehen. Dadurch werden die Schulungen aber auch nicht effektiv genutzt, um sich neues Wissen und Können anzueignen.

Was die Kommunikationsbranche noch verinnerlichen muss

4

Um Veränderungen erfolgreich durchführen zu können, ist eine entsprechende Unternehmenskultur nötig. Im Folgenden wird beispielhaft aufgezeigt, was die Medien- und Kommunikationsbranche dafür noch verinnerlichen muss.

1. **Innovatoren sind keine Freaks und keine Außenseiter**
   Innovatoren im Medienhaus dürfen keinesfalls in ihrem Gewächshaus mit zugekleisterten Post-its-Wänden, auch Innovationslabor oder Innovation Lab genannt, hocken, vor sich hin tüfteln und von den Kollegen, die die routinemäßige Alltagsarbeit machen, belächelt werden. Das Ziel, das mit einem Innovationsteam oder -labor erreicht werden soll, muss frühzeitig bestimmt sein. Es ist nicht zielführend, ein solches Team zu integrieren, nur „weil es ja alle haben". Die Vision eines solchen Vorhabens muss klar definiert sein. Volkswagen in Wolfsburg hat beispielsweise ein eigenes Digital:Lab in Berlin, in dem Experten die Trends von morgen erforschen. Wichtig ist, dass in diesen Ideenschmieden Platz eingeräumt wird, um Ideen zu entwickeln und Trends aufzuspüren. Und dass diese Innovationsteams auch wieder eingebunden werden, um Innovationen auch umzusetzen. Hier könnte – wie bei VW in Wolfsburg mit den Innovatoren in Berlin – es sinnvoll sein, die Kreativen nicht zu weit wegzuschieben.

2. **Zeit für kreative Phasen und nicht nur für Routineaufgaben**
   Der Zeitdruck darf keine Ausrede sein. Vielmehr kommt es darauf an, dass von der Führungsebene Freiräume geschaffen werden, um sich an bestimmten Tagen von Routineaufgaben zu lösen und kreativ zu denken. Dies ist wertvoll für den Mitarbeiter und das Gesamtvorhaben. Gerade in Redaktionen und Lokalradios sind Mitarbeiter aufgrund der Personalengpässe getrieben vom Alltag, und es bleibt keine Zeit, um sich darüber hinaus kreativ zu beteiligen.

© Springer Fachmedien Wiesbaden GmbH, ein Teil von Springer Nature 2020
M. Kaiser und N. Schwertner, *Change Management in der Kommunikationsbranche*, essentials,
https://doi.org/10.1007/978-3-658-31138-4_4

Durch New-Work-Prozesse werden sich die traditionellen Arbeitsmodelle immer mehr auflösen. Dazu gehört auch die räumliche Situation: Multi Spaces, ehemals Großraumbüros, steigern produktives Arbeiten in einer kreativen Atmosphäre. Unternehmen wie Amazon oder der Tech-Konzern Treehouse sind bereits dazu übergegangen und befürworten eine 4-Tage-Woche. Idee hierbei ist es, Mitarbeitern Freiräume bezüglich ihrer Arbeit zu ermöglichen (vgl. https://www.businessinsider.de/tech/amazon-30-stunden-woche-2016-8/, [abgerufen am 12.06.2020]). Bei einem Change-Prozess sollte man sich bewusst sein, dass für kreative Entwicklungen und Vorgehensweisen Freiräume geschaffen werden müssen. Dies darf nicht im Tagesgeschäft untergehen.

3. **Grenzen zwischen Abteilungen aufbrechen**
Das Denken in Abteilungen aufbrechen, gemeinsam als gesamtes Unternehmen handeln und alte Denk- und Arbeitsmuster durchbrechen: So muss die Devise lauten, um Veränderungen anzugehen. Innovation entsteht vor allem durch heterogene Teams. Ein Change-Prozess betrifft heute selten nur den einzelnen Redaktionsleiter, sondern erfordert eine Einheit aus Redaktion, Anzeigen- und Marketingabteilung sowie Vertrieb. Die Grenzen müssen mehr aufgebrochen werden hin zu agilen Teams, die je nach Innovation oder Veränderung individuell zusammen arbeiten.

Die strikte Trennung zwischen Verlag, Redaktion und Anzeigenabteilung, die für das Tagesgeschäft mit der Unabhängigkeit von Anzeigenkunden für redaktionelle Beiträge weiterhin seine absolute Berechtigung hat und auch im Deutschen Pressekodex festgeschrieben ist, darf bei Veränderungsprojekten nicht dazu führen, dass man nicht gemeinsam am Wandel arbeitet.

Hinsichtlich der klassischen Rollenverteilung sollte außerdem bedacht werden, dass diese künftig neu definiert werden muss. Ein Satz von Julia Bönisch, der ehemaligen Online-Redaktionsleiterin von sueddeutsche.de, ist den Print-Redakteuren der Süddeutschen Zeitung besonders aufgestoßen: „Stattdessen tritt eine neue Generation in die erste Reihe, die sich viel mehr als Manager und Produktchef definiert, die nicht mehr nur in Formaten und Texten, sondern in Workflows und Prozessen denkt" (https://www.journalist. de/startseite/meldungen/detail/article/wir-brauchen-gute-manager-an-der-spitze-von-redaktionen.html, [abgerufen am 13.06.2020]). Bönisch sieht in Redaktionsleitungen künftig mehr Manager als Schreiber. Sie spielt damit darauf an, dass auch Redaktionen strategisch mitdenken, an Erlösmodellen mitarbeiten müssen.

Empfehlenswert, um die Zusammenarbeit verschiedener Teams zu fördern und auch von anderen Bereichen zu lernen, ist zum Beispiel ein Away-Day mit einem inhaltlichen Schwerpunkt: Dafür verlassen Teams für ein oder zwei Tage das Büro und arbeiten an einem anderen Ort an einem inhaltlichen Schwerpunkt (vgl. Vahs und Weinand 2013, S. 307). Für abteilungsübergreifendes Arbeiten kann auch ein Brownbag-Lunch veranstaltet werden: Dieses Format findet um die Mittagszeit statt und verbindet Essen mit informellem Austausch und Wissenstransfer (vgl. Stolzenberg und Heberle 2013, S. 118 ff.).

4. **Der User ist Teil des Innovationsteams**
Der Leser, Hörer bzw. Zuschauer sollte aktiv in den Prozess miteingebunden werden, schließlich werden die Veränderungen vor allem für ihn durchgeführt. In Produktentwicklungs-Workshops nach der Design-Thinking-Methode kommt ihm eine zentrale Rolle zu. Es geht nicht darum, dass das neue Medienprodukt vor allem dem Kultur- oder dem Chefredakteur gefällt, sondern es muss vom User genutzt werden. Nur dann kann ein Medienunternehmen langfristig wirtschaftlich erfolgreich bleiben.

Es gibt einen weiteren Grund, warum der User künftig stärker eingebunden werden sollte und nicht mehr nach dem typischen Sender-Empfänger-Modell gehandelt werden darf: Der User ist aktiv und möchte mitreden, mitdiskutieren und mitentscheiden. Dies hat sich durch die digitale Transformation grundlegend in diese Richtung verändert. Der User sollte wie ein Teammitglied gesehen werden, um eine user-zentrierte Entwicklung garantieren zu können.

5. **Die beste Konkurrenz ist die im eigenen Unternehmen**
Gemeinsam Innovationen schaffen und abteilungsübergreifend arbeiten – dies sind die zwei Schlüsselpunkte für einen erfolgreichen Veränderungsprozess (siehe auch Punkt 3). Die Innovation liegt meist schon im Unternehmen, nur in einer anderen Abteilung. Dieses Wissen sollte nicht als Konkurrenz gesehen, sondern gewinnbringend für alle betrachtet werden. Die Schwäbische Zeitung in Ravensburg hat beispielsweise eine Abteilung Business Development eingerichtet, um neue Geschäftsmodelle und Prototypen zu entwickeln (vgl. https://www.bdzv.de/fileadmin/bdzv_hauptseite/aktuell/bdzv_branchendienste/bdzv_intern/2019/36_2019/Teaser-Ausgabe_BDZV_Magazin_2019.pdf, S. 14, [abgerufen am 12.06.2020]). Zunächst muss also die Lage im Unternehmen genau unter die Lupe genommen werden, um herauszufinden, wo Synergien vorhanden sind, die genutzt werden könnten.

Dies bedeutet auch, aus den Anfängerfehlern des Internetzeitalters zu lernen: Damals hatten Medienunternehmen nur sehr zögerlich auf das Internet gesetzt und deshalb die Chance verspielt, selbst weiterhin eine dominierende Rolle bei Rubrikanzeigen, wie Auto oder Immobilien, zu spielen. Auch die anfängliche Strategie, online nur zaghaft und oft sehr spät redaktionelle Inhalte

anzubieten, um dem Printprodukt keine Konkurrenz zu werden, ist nicht auf-
gegangen.

6. **Erst der zweite Blick gilt der Monetarisierung**
   Ideen für digitale journalistische Produkte gibt es vor allem bei jüngeren
   Redaktionsmitgliedern genügend. Bei der Monetarisierung digitaler Inhalte
   stehen Verlage und Medienhäuser aber oftmals vor großen Problemen, wenn
   sie die Ideen auch umsetzen würden. Deshalb bleiben viele gute Ideen in der
   Schublade liegen. Denn oftmals ist die Frage ungelöst, wie man mit digitalen
   Inhalten Geld verdienen kann. Bevor diese Frage beantwortet wird, sollte
   die erste Phase dem Ausprobieren und Ideensammeln gewidmet werden.
   Bei manchen Produkten braucht es einen langen Atem. Es wäre falsch,
   Innovationen nicht anzugehen, weil sie nicht sofort eine Rendite versprechen.

7. **Das einzig Konstante ist der Wandel**
   Die Erkenntnis „Die einzige Konstante im Universum ist die Veränderung"
   des griechischen Philosophen Heraklit von Ephesos ist bis heute aktuell. Die
   Komplexität der Umstände nimmt zu, Anforderungen von Mitarbeitern und
   auch Kunden ändern sich und müssen stetig abgefragt und angepasst werden.
   Technologische Innovationen kommen hinzu und verändern die Produkt-
   palette. Die Welt wird sich weiter wandeln hin zu einem digitalen Riesenrad, das niemals stehen bleibt. Wichtig ist, dass Medienhäuser in eine Gondel
   im Riesenrad einsteigen und sich fortlaufend mitbewegen. Der Wandel wird
   immer bleiben und nie zum Stehen kommen. Veraltete Denk- und Handels-
   muster müssen abgelegt werden, sodass Freiräume entstehen für eine Kultur,
   die vom Wandel geprägt ist und unterstützt wird. Dazu braucht es nicht nur
   einen einzigen Kämpfer im Unternehmen, sondern eine Einheit, die die
   Ideen generiert, durchsetzt und sie dann im Gesamtprozess implementiert.
   Eins bleibt noch zu erwähnen: Das Riesenrad dreht sich nicht von alleine.
   Es braucht Menschen, die es betreiben und anschieben, mit Tatkraft, mit
   Innovationen und mit viel Neugier, sodass es nie zum Stehen kommt und der
   Wandel dadurch nicht gestoppt wird.

Change Communication

5

Journalisten, Pressesprecher oder Kreative in Werbeagenturen sind in ihrer Kommunikation stets nach außen gerichtet. Change Communication bezeichnet größtenteils die interne Kommunikation während eines Wandels – jedoch nicht ausschließlich interne Kommunikation, da neben Mitarbeitern auch weitere Stakeholder bei Veränderungsprozessen informiert werden müssen (vgl. Deutinger 2017, S. 8 f.). Ein Beispiel: Eine regionale Tageszeitung überarbeitet ihr Layout. Über die Neugestaltung muss der Leser informiert werden, sodass er sich in seiner täglichen Leseroutine zurechtfindet. Zudem muss vom Verlag klar kommuniziert werden, wieso die Überarbeitung notwendig ist und welche Vorteile darin gesehen werden. Diese Kommunikation trägt auch zu einer stärkeren persönlichen Bindung bei. Es sollte klar und deutlich kommuniziert werden, was das vorrangige Ziel der Überarbeitung ist, welche grafischen Neuerungen es gibt und welche Stilelemente eingesetzt werden. Dieses Beispiel verdeutlicht, dass durchaus mehrere Stakeholder mitgedacht werden müssen, wenn es um Change Communication im eigenen Haus geht.

Der Kommunikation während eines Change-Prozesses sollte eine hohe Bedeutung zugeschrieben werden, denn diese ist ausschlaggebend für den Verlauf und den Erfolg des Wandels. Mitarbeiter werden in der Literatur oftmals als die „Betroffenen" bezeichnet, wenn es um einen Wandel geht. Bei der Kommunikation allgemein gilt: Change Communication darf nicht nur das Sender-Modell verfolgen. Ganz im Gegenteil: Es gilt, den Empfänger in seiner Gänze einzubinden, um Raum für Fragen und Anmerkungen der Sender zu geben und auch darauf reagieren zu können. Vielfach wird gerade bei Change Communication sachlich argumentiert.

Dies ist in erster Linie auch richtig, es sollte jedoch die emotionale Seite der Mitarbeiter nicht außer Acht gelassen werden, denn Change ist auch immer

© Springer Fachmedien Wiesbaden GmbH, ein Teil von Springer Nature 2020
M. Kaiser und N. Schwertner, *Change Management in der Kommunikationsbranche,* essentials,
https://doi.org/10.1007/978-3-658-31138-4_5

ein emotionales Thema, das berührt und für den Einzelnen sehr schmerzlich sein kann. Es kann durchaus sinnvoll sein, für eine zu sendende Botschaft zwei Versionen aufzubereiten: eine, die rational denkende Mitarbeiter anspricht, eine, die eher emotionalere Mitarbeiter erreicht.

Vor und auch während des Prozesses sollte der Kommunikation auch räumlich genügend Platz eingeräumt werden. Dies kann durch regelmäßige Veranstaltungen (wie Workshops) und Diskussionsplattformen unterstützt werden. Je nach Größe des Veränderungsprojektes muss eingeplant werden, dass viele Rückfragen aufkommen können, die beantwortet werden müssen. Damit diese Fragen nicht im Nirvana landen und zufriedenstellend beantwortet werden können, müssen Ressourcen vorhanden sein, die dies abfangen können.

Allgemein ist zu sagen, dass sich die Veränderungskommunikation immer auf den jeweiligen Veränderungsprozess bezieht und daher immer einen Anfang und ein Ende hat (vgl. Deutinger 2017, S. 5).

Die folgenden Punkte geben einen Überblick darüber, was es bei der Kommunikation mit den Mitarbeitern und den Stakeholdern zu beachten und einzuhalten gilt:

1. **Einheitliche Kommunikation auf allen Kanälen**
   Sobald der Prozess feststeht und das Ziel der Veränderung definiert ist, sollte innerhalb des Unternehmens eine Einheit bestimmt werden, die ein Kommunikationskonzept erstellt. Dies sollte in erster Linie von dem Verantwortlichen des Change-Prozesses begleitet werden. Denkbar ist auch eine Zusammenarbeit mit der Kommunikationsabteilung oder dem Marketing-Bereich. Die Kommunikation sollte strategisch geplant und abgestimmt sein, sodass eine einheitliche Linie verfolgt wird. Als Instrument dafür eignet sich die Erstellung eines Kommunikationskonzeptes, in dem klar die Ziele, Zielgruppen und die Umsetzung der Kommunikation definiert sind. Der Kommunikationsplan legt fest, welche Maßnahmen notwendig sind, um über die Veränderung zu informieren. Damit ist auch sichergestellt, dass einheitlich kommuniziert wird.
   Das Kommunikationskonzept legt fest:
   – Wer ist die Zielgruppe, die die Veränderung betrifft?
   – Was soll durch die jeweilige Kommunikation erreicht werden?
   – Mit welchem Medieneinsatz können die Kommunikationsziele erreicht werden?
   – Wann wird welche Nachricht kommuniziert (empfehlenswert ist die Erstellung eines zusätzlichen Zeitplans)?

Bei Medienunternehmen sollte gleichermaßen auf die Mitarbeiter und die weiteren Stakeholder geachtet werden. Hier sollte das Kommunikationskonzept auch mehrteilig aufgebaut sein und alle Zielgruppen miteinschließen (ein Beispiel für einen Kommunikationsplan ist in Stolzenberg/Heberle 2013, S. 78 zu finden). Medienhäuser verfügen meist über etliche interne Kommunikationsmittel. Dies kann via Mail, Newsletter, Corporate Blog oder über eine Webseite geschehen. Wichtig ist es beim Change-Prozess, dass zu Beginn geklärt wird, welche Medien für welchen Zweck zum Einsatz kommen. Zudem sollte am Beginn der Kommunikation ein Überblick erfolgen, wo welche Informationen kommuniziert und veröffentlicht werden. Zu überlegen bleibt auch, von wem die Nachricht kommuniziert wird. Hierfür wird in der Literatur meist der Begriff eines Change-Kommunikators verwendet, der die Maßnahmen und Veränderungen kommuniziert.

2. **Dieselben Informationen für jeden Mitarbeiter**
Ist das Kommunikationskonzept erstellt, so kann nachgeprüft werden, wann welche Information an welche Zielgruppe versandt worden ist. Durch die klare und einheitliche Kommunikation, die im Konzept festgelegt wird, kann nachvollzogen werden, welche Informationen wann an die Mitarbeiter und weiteren Stakeholder herausgegangen sind. Dies ist wichtig, denn alle Mitarbeiter sollten mit den gleichen Informationen zur gleichen Zeit versorgt werden. Ist dies nicht der Fall, entstehen rasch Gerüchte.

3. **Proaktive transparente Kommunikation verhindert Gerüchte**
Auf dem Flur, in der Teeküche oder vor dem Gebäude: Die Vernetzung der Mitarbeiter untereinander sollte nicht unterschätzt werden. Gerüchte verbreiten sich im Nu. Damit es nicht dazu kommt, ist eine proaktive Kommunikation die beste Lösung. Die Mitarbeiter müssen das Gefühl haben, dass sie immer auf dem Laufenden sind und über alle Entwicklungen und News, die die Veränderung betreffen, informiert werden. Proaktive Kommunikation ist auch ein Mittel dafür, um Gerüchte und falsche Aussagen zu vermeiden. Fühlen sich die Mitarbeiter gut informiert, entsteht kein Gerüchteherd. Die Transparenz wurde schon unter Punkt 2 angesprochen. Wichtig ist eine Offenheit in Hinblick auf die Kommunikation, denn die Mitarbeiter dürfen nicht das Gefühl haben, dass ihnen etwas verschwiegen wird.

4. **Auch wenn es nichts Neues gibt, dies kommunizieren**
Eine News muss nicht immer der Aufhänger für eine Kommunikation sein. Es ist gerade in Change-Prozessen auch notwendig, dass oftmals ein generelles Update über die erreichten Ziele und Maßnahmen gegeben wird. Dies kann eine Zwischenbilanz genauso sein wie eine neue Meldung. Es ist

nicht zwingend notwendig, nur Erfolgsmeldungen zu veröffentlichen. Anders herum: Lässt man zu lange gar nichts von sich hören, entstehen ebenfalls Gerüchte, weil nicht transparent kommuniziert worden ist, dass derzeit das Projekt einfach nicht weiter vorangegangen ist.

5. **Nicht nur was, sondern auch warum kommunizieren**
   Auch wenn das Ziel für die Verantwortlichen des Change-Prozesses klar ist, muss dieses auch kommuniziert werden. Warum stehen die Veränderungen an? Was ändert sich dadurch? Wieso kann die Veränderung auch positiv für die Mitarbeiter sein? All diese Fragen müssen geklärt werden. Hierbei reicht es nicht nur zu kommunizieren, dass ein Change vollzogen wird, auch die Beweggründe müssen nachvollziehbar sein. Nur so können sich Mitarbeiter mit der Veränderung identifizieren und den Wandel mittragen.

6. **Den Weg zum Ziel kommunizieren**
   Gesetzt den Fall, bei einem Mitarbeiter ist Bewusstsein und der Wunsch für den Wandel vorhanden und er will sich gerne aktiv einbringen, dann muss er wissen, wie er das überhaupt tun kann. Was kann jeder Einzelne zum Change-Prozess beitragen, sollte daher zwingend beantwortet werden. Ansonsten verliert man relativ schnell motivierte Mitstreiter.

7. **Non-verbale Kommunikation nicht unterschätzen**
   Der Change-Kommunikator gibt den Drive im Veränderungsprozess an. Daher muss dieser vor allem auch mit seiner Körpersprache überzeugen. Nonverbal können nicht nur Motivation und Zuversicht vermittelt werden, sondern vor allem die Überzeugung und der Vorteil der Veränderung, der an die Mitarbeiter übertragen werden muss. Ein Kommunikator, der nicht hinter der Veränderung steht und all ihre Konsequenzen mit sich trägt, kann nicht überzeugend auftreten.

8. **Mitarbeiter first statt im Blog oder in der Presse**
   Es gibt nichts Unglücklicheres, als dass Mitarbeiter in der Presse von Veränderungsvorhaben im eigenen Unternehmen lesen. Dies muss auf jeden Fall verhindert werden, da die Mitarbeiter immer zuerst die neuesten Entwicklungen erfahren sollten. Informationen müssen an erster Stelle intern kommuniziert werden, bevor sie extern verbreitet werden.

9. **Vielseitige Emotionslagen, denen begegnet werden muss**
   Ein Change-Prozess wird begleitet von unterschiedlichen Emotionen: Dies können im ersten Moment Verwunderung und Unsicherheit, Schockzustände bis hin zu Momenten des Aufatmens und des Anpackens sein. Die Emotionen können sich schlagartig ändern, und daher ist es besonders wichtig, zum richtigen Zeitpunkt zu agieren. Nach Deutinger braucht es

hier auch eine Form des Emotionsmanagements: „Emotionen als Begleiter im Wandel sind – vor allem am Beginn – nicht gegen den Change per se gerichtet. Sie sind ein Ventil, das anzeigt, wie der Einzelne oder eine Gruppe der Unsicherheit begegnet" (Deutinger 2017, S. 49). Zu beachten gilt, dass entstehende Gefühle und Emotionsausbrüche aufgefangen werden müssen, damit der Prozess nicht ins Stocken gerät. Eine gute Change-Kommunikation erkennt die Phasen, in denen sich die Mitarbeiter emotional bewegen, und greift diese auf.

10. **Partizipation schafft Akzeptanz**

Über Veränderungen muss gesprochen werden. Wir erleben heutzutage eine Mehrheit der Mitarbeiter, die sich beteiligen und die vor allem mitgestalten möchten. Mitarbeiter, die mitsprechen und gestalten, müssen auch den Raum bekommen, um über ihre Erfahrungen und Emotionen, die sie im Prozess erleben, zu sprechen. Partizipation gelingt am besten durch interaktive Formate wie World-Cafés oder Workshops. Dies ist auch abhängig von der Teilnehmerzahl und den Bedürfnissen, die bei einer solchen Runde im Fokus stehen.

Ausbildungswege zum Change Manager

6

Change Management lässt sich erlernen. Am Ende dieses Buchs sind im Literaturverzeichnis Grundlagenbücher verzeichnet, die einen ersten Einblick ins Thema bieten. Teilweise setzen die Werke verschiedene Schwerpunkte, wie zum Beispiel auf Change Communication oder Change-Management-Tools.

Akademien, Hochschulen und Universitäten bieten Kurse oder Studiengänge zum Change Manager an. Die FH Burgenland und das Austrian Institute of Management haben beispielsweise einen MBA Change Management & Leadership im Angebot (www.fernstudium.study). Der Studiengang kann vollständig online innerhalb von 14 Monaten absolviert werden. Die E-Learning-Group, die den MBA organisatorisch durchführt, hat auch eine kürzere, auf vier Monate beschränkte berufsbegleitende Diplom-Lehrgang-Variante „Change Management" im Programm.

Insbesondere private Hochschulen haben spezifische Masterstudiengänge, wie zum Beispiel auch die Euro-FH in Hamburg mit dem Fernstudium „Business Coaching und Change Management" (www.euro-fh.de). Die Hochschule Fresenius hat den Master „Change Management and Decision Making" (www.hs-fresenius.de). Die Steinbeis School of Management and Innovation kombiniert in einem MBA die beiden Bereiche Personalmanagement und Change Management (www.steinbeis-smi.de). Anders als an staatlichen Hochschulen und Universitäten verlangen die privaten Anbieter Studiengebühren.

Vor allem in Studiengängen der Betriebswirtschaftslehre ist Change Management häufiger als Modul integriert. Hier lohnt sich ein Blick ins jeweilige Modulhandbuch, um zu sehen, ob es sich dabei um einen Schwerpunkt oder eher nur um ein Feigenblatt handelt. Auch in Medien-Studiengängen kann das Fach zum Teil belegt werden.

© Springer Fachmedien Wiesbaden GmbH, ein Teil von Springer Nature 2020
M. Kaiser und N. Schwertner, *Change Management in der Kommunikationsbranche,* essentials,
https://doi.org/10.1007/978-3-658-31138-4_6

So bietet beispielsweise die Technische Hochschule Nürnberg im Bachelor-studiengang Technikjournalismus/Technik-PR regelmäßig das Wahlpflichtfach „Change Management in Redaktionen und in der Unternehmenskommunikation" (www.th-nuernberg.de/technikjournalismus), die Friedrich-Alexander-Universität Erlangen-Nürnberg im Masterstudiengang Medien-Ethik-Religion das Seminar „Veränderungsprozesse in Medien und Öffentlichkeitsarbeit: Change Management, neue Unternehmensstrukturen und digitale Produktentwicklung" (www.medien-ethik-religion.de) und auch die Hochschule Ansbach im Master PR und Unternehmenskommunikation die Seminare „Organisation und Management" (www.hs-ansbach.de) an.

Manche Universitäten organisieren über ihre Weiterbildungsinstitute auch Zertifikatskurse zum Change Manager, zum Beispiel die Universität Augs-burg einen zehntägigen Zertifikatskurs zum „Change Manager", unter anderem mit den Modulen „Konfliktmanagement für Change Manager" und „Projekt-management für Change Manager" (http://www.zww.uni-augsburg.de/). Der Kurs richtet sich nach Angaben des Zentrums für Weiterbildung und Wissenstransfer in Augsburg an Geschäftsführer, HR-Mitarbeiter, Projektmanager, Insolvenzver-walter und Berater. Die Preise dieser Weiterbildungen variieren stark. Im hoch-preisigen Segment sind unter anderem die St. Gallen Business School in der Schweiz mit einem viertägigen Change-Management-Seminar zu finden (https://sgbs.ch) oder die Frankfurt School of Management and Finance (www.frankfurt-school.de).

Als Zertifizierung zum Change Manager ist Prosci in der Branche anerkannt. Die Prüfung kann man weltweit an verschiedenen Business Schools ablegen. Im deutschsprachigen Raum ist dafür die TiBa Management School in München lizenziert (www.tiba-business-school.de/change-management). Seminare werden auch in Wien, Berlin, Hamburg, Leipzig, Essen, Frankfurt, Hannover und komplett digital angeboten. In dem dreitägigen Seminar, das mit einer Zertifizierungsprüfung abschließt, steht das in Abschn. 3.4 beschriebene ADKAR-Modell im Mittelpunkt. Praxisorientiert werden verschiedene Tools vor-gestellt und besprochen, wie man zum Beispiel einen Kommunikations-, einen Coaching- oder einen Widerstandsmanagement-Plan aufstellt.

Eine andere Zertifizierung zum Change Manager bietet die Association of Change Management Professionals (ACMP) an. Hier kann man das sogenannte CCMP-Zertifikat erwerben (http://www.acmpgermany.de/). Dieses steht für Certified Change Management Professionals.

Daneben gibt es weitere Anbieter von Seminaren: Von den Akademien der Industrie- und Handelskammern über private Akademien oder freie Trainer reicht das breite Angebot, das auch von unterschiedlicher Qualität, unterschiedlicher Dauer und unterschiedlicher Intensität ist.

Speziell für Medienschaffende hat die Hamburg Media School das Seminar „Change Management in Redaktionen" konzipiert (www.hamburgmediaschool. com/weiterbildung/digitaler-journalismus/changemanagement). Es wird allerdings nur sporadisch angeboten. Auch die VDZ Akademie hatte ein gleichnamiges Seminar im Programm. Die Nachfrage war bisher aber nicht sehr hoch (https://vdz-akademie.de/). In Bayern bietet die Akademie der Bayerischen Presse einen Kurs für Journalisten an (www.abp.de), die Akademie der Deutschen Medien (früher: Akademie des Deutschen Buchhandels) für Medienmanager (www.medien-akademie.de). Die Hochschule der Medien in Stuttgart hat eine Weiterbildung „Change Management und Organisationsentwicklung: Veränderungen zwischen Digitalisierung und Agilität erfolgreich steuern" etabliert (www.hdm-weiterbildung.de).

Um sich zu vernetzen und Erfahrungen auszutauschen, organisiert das Deutsche Institut für Change-Prozesse und digitale Geschäftsmodelle regelmäßige Meetups sowie Change-Frühstücke für digitale Transformation und Vortragsreihen (www.change-prozesse.org). Sitz des gemeinnützigen Vereins ist München. Die Veranstaltungen finden aber bundesweit und zum Teil digital statt.

Die Vielzahl der Aus- und Weiterbildungsangebote zeigt, dass sich der Change-Management-Bereich professionalisiert. Wie ja auch im Journalismus und in der Unternehmenskommunikation Volontariate, Trainee-Programme und Studiengänge in den vergangenen Jahrzehnten strukturiert und etabliert wurden, gewinnt Change Management nicht zuletzt aufgrund der Digitalisierung immer mehr an Bedeutung. Change Management etabliert sich als gleichwertiger Part neben Innovationsmanagement und neben Projektmanagement.

Was Sie aus diesem *essential* mitnehmen können

- Change Management leistet einen entscheidenden Beitrag, damit Veränderungsprojekte in der Medien- und Kommunikationsbranche erfolgreich umgesetzt werden können.
- Bei jedem Wandel muss neben dem Projektmanagement auch detailliert geplant werden, wie Mitarbeiter durch ein Change Management mitgenommen und eingebunden werden. Dies ist genauso wichtig wie die Planung von Meilensteinen, Liefergegenständen und Arbeitspaketen.
- Die Einführung eines Newsrooms, neue Social-Media-Kanäle, verstärktes Corporate Publishing oder neue Paid-Content-Modelle sind komplexe Veränderungsprozesse. Bei diesen muss bedacht werden, was dies jeweils für den individuellen Journalisten und Mitarbeiter der Unternehmenskommunikation bedeutet.
- Vor einer Veränderung sollte zunächst ein Bewusstsein für diese geschaffen und der Wunsch bei Mitarbeitern geweckt werden, daran mitzuwirken. Erst anschließend sind Schulungen effizient und die Umsetzung erfolgversprechend. Nach dem ADKAR-Modell von Prosci folgt zuletzt die Verankerung. Storytelling und Emotion kann laut des 7+3-Change-Management-Modells Kaiser//Schwertner den Change-Prozess unterstützen.
- Bei der Change Communication gilt es, zuerst Stakeholder zu identifizieren und einen Kommunikationsplan aufzustellen. Es empfiehlt sich, möglichst transparent zu kommunizieren, um Gerüchten zuvorzukommen.

© Springer Fachmedien Wiesbaden GmbH, ein Teil von Springer Nature 2020
M. Kaiser und N. Schwertner, *Change Management in der Kommunikationsbranche,* essentials,
https://doi.org/10.1007/978-3-658-31138-4

Literatur

Deutinger, G. (2017): *Kommunikation im Change. Erfolgreich kommunizieren in Veränderungsprozessen* (2. Aufl.). Berlin: SpringerGabler.

Doppler, K. & Lauterburg, C. (2014): *Change Management. Den Unternehmenswandel gestalten* (13. Aufl.). Frankfurt a. M.: Campus-Verlag.

Grannemann, U. & Seele, H. (2016): *Führungsaufgabe Change. Eine Roadmap für Führungskräfte in Veränderungsprozessen.* Wiesbaden: SpringerGabler.

Hiatt, J. (2013): *Employee's Survival Guide to change* (3. Aufl.). Loveland/USA: Prosci Research.

Hiatt, J. & Creasey, T. (2012): *Change Management. The People Side of Change* (2. Aufl.). Fort Collins/USA: Prosci Research.

Hiatt, J. (2006): *ADKAR: a model for change in business, government and our community.* Fort Collins/USA: Prosci Research.

Kaiser, M., Rückert, T. & Schwertner, N. (Hrsg.) (2019): *Change in der Medien- und Kommunikationsbranche. Ein Leitfaden für Veränderungsprozesse und die digitale Zukunft.* München: Hanns-Seidel-Stiftung.

Kaiser, M. (2018): *Newsroom und Newsdesk im Journalismus und in der Unternehmenskommunikation*, in: Otto, K. & Köhler, A.: *Crossmedialität im Journalismus und in der Unternehmenskommunikation.* Wiesbaden: SpringerVS.

Kaiser, M. & Sutor, S. (Hrsg.) (2017): *Transforming Media. Neue Geschäftsmodelle in der digitalen Welt.* München: Verlag Dr. Gabriele Hooffacker.

Kaiser, M. (Hrsg.) (2015): *Innovation in den Medien. Crossmedia, Storywelten, Change Management* (2. Aufl.). München: Verlag Dr. Gabriele Hooffacker.

Kosta, C. (2016): *Change Management. Das Praxisbuch für Führungskräfte.* München: Carl Hanser Verlag.

Kotter, J. & Rathgeber, H. (2017): *Das Pinguin Prinzip. Wie Veränderung zum Erfolg führt.* München: Droemer-Verlag.

Kotter, J. (2011): *Leading Change: Wie Sie Ihr Unternehmen in acht Schritten erfolgreich verändern.* München: Verlag Franz Vahlen.

Kotter, J. (1995): *Leading Change: Why Transformation Efforts Fail.* In: Harvard Business Review. Boston: Harvard Business School Publishing Corporation.

© Springer Fachmedien Wiesbaden GmbH, ein Teil von Springer Nature 2020
M. Kaiser und N. Schwertner, *Change Management in der Kommunikationsbranche*, essentials,
https://doi.org/10.1007/978-3-658-31138-4

Lauer, T. (2014): *Change Management. Grundlagen und Erfolgsfaktoren* (2. Aufl.). Berlin: Springer Gabler.

Rohm, A. (Hrsg.) (2015): *Change-Tools. Erfahrene Prozessberater präsentieren wirksame Workshop-Interventionen* (6. Aufl.). Bonn: managerSeminare Verlag.

Stolzenberg, K. & Heberle, K. (2013): *Change Management. Veränderungsprozesse erfolgreich gestalten – Mitarbeiter mobilisieren. Vision, Kommunikation, Beteiligung, Qualifizierung* (3. Aufl.). Berlin: Springer-Verlag.

Vahs, D., & Weiand, A. (2013). *Workbook Change Management. Methoden und Techniken* (2. Aufl.). Stuttgart: Schäffer-Poeschel-Verlag.

Von Hehn, S., Cornelissen, N. & Braun, C. (2016): *Kulturwandel in Organisationen. Ein Baukasten für angewandte Psychologie im Change-Management.* Berlin: Springer-Verlag.

Weiand, A. (2016): *Toolbox Change Management. 44 Instrumente für Vorbereitung, Analyse, Planung, Umsetzung und Kontrolle.* Stuttgart: Schäffer-Poeschel-Verlag.

Printed in the United States
By Bookmasters